KB251196

# 한국 코스닥기업의 가치평가

# 한국 코스닥기업의 가치평가

정 추 란 著

한국학술정보㈜

# 머리말

아름다운 봄의 계절이 지나가고 무더운 여름날이 시작되고 있다. 나의 부족한 논문이 출판된다니 참으로 기쁘고, 이 순간 돌아가신 아버지가 가장 생각이 났다. 살아계셨더라면 얼마나 기뻐하셨을까? 새삼 눈물이 울컥 솟는다. 삶은 한순간의 행복을 위해 수많은 고통을 감내해야 하는 과정인가 보다. 주어진 삶의 무게를 이겨내려고 부단히도 애썼던 날들이 불현듯 떠오른다. 매사 원하는 바대로 살아지는 것은 아니지만, 이젠 모든 것을 편안하게 받아들이고 싶다.

본 연구는 코스닥기업의 가치평가에 관하여 선형모형과 비선형모형 중에서 어떤 모형이 적절한 지를 비교 분석하였다.

코스닥기업은 전통적인 상장기업에 비하여 재무변수의 기업가치 설명력이 낮은데, 그 주요원인은 재무제표에 기록되지 않은 무형자산(지적자본)때문인 것으로 추정되고 있다. 특히, 인터넷 및 IT(정보기술) 등의 첨단기술 산업과 같이 가치변화의 폭이 크고 급성장하는 기업의 경우, 기업특성에 따른 성장과 투자의 문제를 고려하여 기업가치를 평가하는 방법이 적용되어야 할 것이다.

본 연구에서는 Ohlson의 선형모형(Linear모형)의 대안으로서 비선형(실증적으로 Log- Linear모형)모형을 사용하여 코스닥기업의 재무정보와 비재무정보에 대한 기업가치 관련성을 검증하였다.

본 연구의 실증분석에 사용된 표본은 코스닥시장에 등록된 법인 중 12월 결산기업을 대상으로 하였고, 금융업과 관리대상 종목은 제외하였다.

실증분석의 결과는 선형모형보다 비선형모형에 의한 방법이 기업 가치 설명력을 더 잘 나타내 주는 것으로 밝혀졌으며, 구체적인 결과는 다음과 같다.

첫째, 코스닥기업의 가치평가는 단순한 형태로 재구성한 Linear모형보다는 Log-Linear모형이 더 높은 설명력($adj\ R^2$)을 보였다.

둘째, 코스닥기업에서 매출수익, 매출원가 그리고 판매비와 관리비 등으로 세분된 정보는 Log-Linear모형에서 이익정보에 비하여 기업가치 설명력($adj\ R^2$)이 더 높았다. 또한 연구개발비와 광고비 정보는 추가적으로 기업가치 관련성을 갖는 것으로 나타났다.

셋째, 코스닥기업에서의 다각화 정도, 시장점유율, 보상형 스톡옵션 부여율, 경영자의 보수, 내부자 지분율 등과 같은 비재무정보는 추가적인 기업가치 설명력을 갖는 것으로 나타났다.

본 연구에서 사용한 Log-Linear모형의 장점은 다음과 같다.

첫째, Log-Linear 회귀분석(regressions)은 재무자료의 비정상적 혹은 과도하게 영향을 미치는 관찰치들의 영향을 감소시킨다.

둘째, Log-Linear 회귀식은 잔차의 이분산성(hetero scedasticity)의 가능성을 줄여준다. 예를 들어, 시장가치, 순이익, 장부가액 등에서 높은 비대칭도를 보이는 인터넷 기업의 가치평가에 더 적절하다고 말할 수 있다.

본 연구의 한계점은 비교적 광범위한 자료를 대상으로 하였지만, 업종에 따라 일반화되지 않을 수 있으며, 코스닥기업의 주가에 관한 상관관계를 거래소 상장기업과 비교하여 분석하지 못했다.

이 논문이 나오기까지 많은 분의 도움을 받았다. 먼저 학문적으로 나를 이끌어주신 두 분의 교수님이 계신다. 지도 교수님이셨던 성균관대학교 경영학부 정한규 교수님과 경희대학교 경영학부 정혜영 교수님께 진심으로 감사를 드린다. 또한 학교 측과 한국학술정보(주), 권현옥 팀장님과 출판관계 직원들에게도 감사를 드린다. 그리고 아낌없이 나를 사랑해주시고 힘이 되어주시는 나의 어머니와

가족들에게도 이 기쁨을 함께하고 싶다. 끝으로, 삶을 주관하시는
하나님께 감사와 영광을 돌린다.

2005년 6월
저자 씀

# 목   차

# 표 목 차

# 제1장 서  론

## 제1절 문제제기 및 연구목적

최근 인터넷을 바탕으로 한 지식과 정보가 가치창출의 주요 원천으로 등장하면서 막대한 부의 가치가 인터넷에 의해 창출되며, 이와 관련된 기업가치는 전통기업에 비해 빠른 속도로 커지고 있다.

인터넷 및 IT 등의 첨단기술 산업과 같이 가치 변화의 폭이 크고 급성장하고 있는 기업의 경우에는 재무정보가 기업가치를 설명하는 데 충분치 않은 것으로 알려져 있다(Amir and Lev, 1996). 특히, 자본집약 산업에서 지식기반 산업으로 변화하면서 무형자산(지적자본)의 가치가 크게 부각되고 있으나, 현행 재무제표에는 극히 제한적인 무형자산만을 인식하고 있는 실정이다.

우리나라의 코스닥(KOSDAQ)시장은 고부가가치 산업인 지식기반 또는 중소, 벤처기업의 직접자금 조달을 지원하고, 투자자에게는 고위험(high-risk), 고수익(high-return)의 투자기회를 제공하기 위하여 1996년에 개장되었다. 또한 한국증권거래소(KSE)에 대한 경쟁적 시장으로, IT 및 인터넷 관련 닷컴기업과 벤처기업 중심의 성장기업으로 구성되어 있으며, 이들 기업은 기업가치를 높이기 위하여 신기술, 신제품에 대한 연구개발과 마케팅활동에 많은 투자를 진행시키고 있다. 따라서 연구개발비와 광고비 등 무형의 지출액이 기업가치에 중요한 요인으로 작용할 것이며, 이러한 지적자본의 가치가 적절히 반영된 새로운 가치평가 방법을 모색해야 하겠다.

몇몇 학자들은 성장기업의 가치를 적절히 평가하는 방법으로 선형함수(특히, 순이익의 선형함수)의 대안으로서 비선형모형을 제안하였다(e. g., Zhang 2000; Ye and Finn 1999; Burghstahler and

Dichev 1997).

Ohlson은 초과이익의 시계열적 선형성(linear information dynamics) 가정에 입각하여 기업가치를 장부가액과 순이익의 선형함수로 표시하였으며, 이모형은 그간 실증적 가치평가 분석에 널리 사용되어 왔다.

그러나 이러한 선형관계는 성장과 수익성 증가에 따른 투자 지출 확대에 관한 문제를 고려치 못하였다.

무형자산(지적자본) 투자지출액의 비용 처리 등과 같은 보수적 회계처리방법이 사용되면, 순자산 장부가액이 과소 계상되고, 이로 인해 초과이익이 과대 계상되어 지속적으로 발생될 것이므로, 시장가치는 장부가액과 크게 차이가 날 것이다. 시장가치, 순이익, 장부가액 등에서 높은 비대칭도를 보이는 벤처기업의 가치평가는 이 같은 관계를 고려한 가치평가모형이 적용되어야 할 필요성이 제기된다.

본 연구에서는 코스닥기업의 가치평가에 관하여 선형모형(Linear 모형)과 비선형모형(실증적으로는 Log-Linear 모형) 중에서 어떤 모형이 적합한 지를 실증적으로 비교 분석한다.

Zhang(2000)에 의하면 기업은 충분한 수익성이 있을 때 영업활동 규모를 확장하려는 옵션(option)을 행사하기 때문에 기업가치가 순이익과 장부가액에 볼록한(convex) 관계를 보이게 될 것이며, 이러한 비선형적 관계는 주로 성장기업에서 나타난다고 주장하였다.

신생기업 및 벤처기업들은 더 많은 지적자본에 기초하여 경영활동을 수행하며, 이들 지적자본 축적에 막대한 투자를 진행시키기 때문에 상대적으로 낮은 이익을 실현시키고 있다(Trueman, Wong and Zhang, 2000). 따라서 이들 기업의 순이익과 기업가치는 선형(안정적)보다는 비선형적(성장적) 관계를 따를 가능성이 높다.

다시 말하면, 본 연구의 첫 번째 과제는 이들 벤처기업들이 주로 거래되고 있는 우리나라의 KOSDAQ 기업의 가치가 비선형모형에 의하여 잘 설명되는지(선형모형에 비하여)를 분석한다.

위에서 설명한 바와 같이, 신생기업과 벤처기업은 전통적인 상장기업에 비하여 재무변수의 기업가치 설명력이 상대적으로 낮으며, 그 주요 원인은 재무제표에 기록되지 않은 무형자산(예를 들어, 연구개발투자, 상표권 또는 아이덴티티(identity)자산, 혁신자산 등)때문인 것으로 추정되고 있다. 그런데 현행 기업회계기준에 의하면, 연구개발투자의 일부와 광고비(상표권 또는 아이덴티티(identity)자산의 대용치) 전액을 비용 처리하고 있다.

따라서 본 연구의 두 번째 과제는 신생기업 및 벤처기업의 경우 (이들 기업은 조직화 및 내부프로세스 면에서 상대적으로 혁신적이라고 가정) 연구개발투자 및 광고비 지출을 무형자산의 대용치로 간주하여 장부가액과 순이익을 수정한다면, 수정전의 원래 자료에 비하여 기업가치 설명력이 증가하는지를 검증한다.

여기에 덧붙여서, 재무정보 이외에 비재무정보를 포함시킴으로써 기업가치 설명력이 추가적으로 증가하는 지를 검증한다.

자본시장이 효율적이라는 가정 아래, 1997년부터 2001년까지 코스닥시장에 등록된 기업들을 표본기업으로 설정하여 분석한 결과는 다음과 같다.

첫째, 코스닥기업의 가치평가는 단순한 형태로 재구성한 Linear 모형보다는 Log-Linear 모형이 더 높은 설명력($adj\ R^2$)을 보였다.

둘째, 코스닥기업에서 매출수익, 매출원가 그리고 판매비와 관리비 등으로 세분된 정보는 Log-Linear 모형에서 이익정보에 비하여 기업가치 설명력($adj\ R^2$)이 더 높았다. 또한 연구개발비와 광고비 정보는 추가적으로 기업가치 관련성을 갖는 것으로 나타났다.

셋째, 코스닥기업에서의 다각화 정도, 시장점유율, 보상형 스톡옵션 부여율, 경영자의 보수, 내부자 지분율 등과 같은 비재무정보는 추가적인 기업가치 설명력을 갖는 것으로 나타났다.

# 제2절 논문의 구성

본 논문의 구성은 다음과 같다. 이후 제2장에서는 가치평가이론 과 선행연구를 살펴본다. 제3장에서는 가설을 설정하고, 제4장에서 는 연구방법론을 논한다. 이어서 제5장에서는 표본기업의 선정과 기술 통계치를 살펴본 후, 제6장에 실증 분석의 결과를 제시하고, 제7장에서는 결론 및 한계점을 기술한다.

# 제2장 가치평가이론과 선행연구

본장에서는 가치평가방법을 크게 Linear 모형과 Non-Linear 모형으로 나누어 논하였다. Linear 모형에서는 Ohlson 모형을 중심으로 살펴보고, 기타 모형으로서 현금흐름할인모형(DCF), 옵션가격결정모형(OPM)을 검토한다. Non-Linear 모형에서는 Ye-Finn 등의 모형을 중심으로 살펴보기로 한다. 그리고 선행연구에 이어서 비재무정보의 기업가치 관련성에 관해서도 알아보기로 한다.

## 제1절 Linear 모형

### 1.1 Ohlson의 Linear 모형

Ohlson 모형[1]은 순이익(earnings)과 순자산 장부가액(book value) 같은 회계변수와 기업가치 간의 관계를 구체화하여, 현금흐름할인모형의 대안(alternative)으로서 실증적 연구에 중요한 의미를 주고 있다.

Ohlson의 선형 정보성(linear information dynamics)의 가정은 기업의 장부가액과 시장가치가 다른 것은 기업마다 초과이익이 존재하기 때문이며, 초과이익의 평균은 장기에 걸쳐 0에 수렴하므로, 기업의 순자산 장부가액이 시장의 불편추정치라는 기본적 사고를 가지고 회계수치를 기업가치에 직접 연결시키는 가격결정모형을 제시하였다. 그는 기업가치평가모형을 유도하기 위해 다음과 같이 세

---

1) Ohlson, J., 1995, Earnings, Book Value, and Dividends in Equity Valuation. *Contemporary Accounting Research*(Spring): 661-687.

가지 가정을 하였다.

첫째로, 기업가치는 미래배당의 현재가치(present value)와 같다는 배당할인모형(dividend-discounting model: DDM)[2])에서 재구성된다.

둘째로, 장부가액, 이익, 배당 간의 연계관계(clean surplus relation: CSR)[3)4])를 이용하여 DDM과 결합하여 계산한 후 초과이익(abnormal earnings)을 산출한다.

셋째로, 선형정보모형은 초과이익의 확률적 시계열행태를 갖는다.

따라서 기업의 가치는 순자산 장부가액과 미래 초과이익의 현재가치의 합으로 표현되는 초과이익모형(AEM)[5])이 된다.

초과이익모형은 CSR를 통하여 회계변수에 의해 표현되는 배당할인모형(DDM)의 재구성이다.

그에 의하면 초과이익(abnormal earnings)은 다음과 같이 수정된 자기회귀과정(autoregressive process)을 충족시킨다.

$$X^a_{t+1} = \omega X^a_t + \nu_t + \varepsilon_{1,t+1} \qquad \cdots\cdots \ (2\text{-}1a)$$

$$\nu_{t+1} = \gamma \nu_t + \varepsilon_{2,t+1} \qquad \cdots\cdots \ (2\text{-}1b)$$

---

2) DDM: $P_t = \sum_{\tau=1}^{\infty} \rho^{-\tau} E_t( d_{t+\tau} )$

　여기서, $P_t$ : t 시점의 기업가치, $d_{t+\tau}$ : t+$\tau$시점의 순배당

　$\rho$ : 1+r (r=할인율, 자기자본비용), $E_t(\cdot)$ : t 시점의 기대값

3) CSR : $BV_t = BV_{t-1} + X_t - d_t$

　여기서, $BV_t$ : t시점의 순자산 장부가액, $X_t$ : t시점의 순이익

　　　　$d_t$ : 순배당액

4) CSR의 조건에 충족되지 않는 경우는 현행기업회계기준에서 투자유가증권 평가손익계정이 해당되며, 전기의 영업활동이 당기순이익에 영향을 주는 경우인 전기오류 수정 손익도 CSR의 조건에 맞지 않는다고 볼 수 있다.

5) AEM: $P_t = BV_t + \sum_{\tau=1}^{T} \rho^{-\tau} E[ X^a_{t+\tau}]$

여기서, $\nu_t$ = 현재 초과이익이 아닌 미래 초과이익에 대한 정보
$$\varepsilon_{i,t} = 0$$
$$\omega, \gamma = \text{지속성계수(단, } 0 < \omega, \gamma < 1)$$

식 (2-1a)와 식 (2-1b)의 정보성(information dynamics)은 초과이익 평가모형(AEM)과 결합하여 다음과 같이 가치평가모형을 산출한다.

$$P_t = BV_t + \alpha_1 X_t^a + \alpha_2 \nu_t \qquad \cdots\cdots (2\text{-}2a)$$

여기서, $\alpha_1 = \omega/(1+r-\omega)$,
$$\alpha_2 = (1+r)/[(1+r-\omega)(1+r-\gamma)]$$

식 (2-2a)에서 기타 정보를 $\nu_t$를 무시한다면, 이는 장부가액모형(book value model)과 순이익모형(earnings model)으로 가중 평균된 것이며, $\omega$의 크기가 핵심적인 역할을 한다.

따라서 초과이익모형(AEM)은 다음과 같이 단순화된다.

$$P_t = BV_t + \frac{\omega}{1+r-\omega}( X_t^a) \qquad \cdots\cdots (2\text{-}2b)$$

이러한 가치평가모형은 미래배당을 예측할 필요가 없고, 최종가치(terminal value)의 계산에 대한 추가적인 가정도 필요로 하지 않는다.

식 (2-2a)의 가치평가모형과 함께 식 (2-1a)와 식 (2-1b)의 정보성(information dynamics)은 Ohlson(1995)의 실증적 모형을 나타낸다.

즉 $P_t$가 현재정보인 $BV_t$, $X_t^a$, $\nu_t$의 함수로 표현되고 있으며, 식 (2-2a)의 모형을 변형하면 다음과 같이 재구성될 수 있다.

$$P_t = (1-k)\,BV_t + k(\,\theta\,X_t - d_t) + \alpha_2\,\nu_t$$
$$= (1-k)\,BV_t + k(\,\theta\,X_t - d_t) + \alpha_2\,\nu_t \cdots\cdots (2\text{-}3)$$

여기서, $\theta = (1+r)/r,$
$\qquad$ k = $r\omega/(1+r-\omega)$ 단, 0<k<1

이상과 같이 도출된 Ohlson의 주식가치평가모형을 요약해보면 다음과 같다.

첫째, 이 모형은 회계수치를 직접 사용하며, 회계정보를 기업가치 결정요소로 고려한다. 즉 주식의 가치는 장부가액과 미래 초과이익의 현가를 더해서 결정된다.

둘째, 미래 초과이익은 당기의 초과이익과 초과이익의 지속성계수에 의해 추정이 가능하다.

셋째, 초과이익을 두 가지 부분으로 나누어 비회계정보의 도입가능성을 제시하였다.

넷째, 기업 간 회계처리방법의 차이가 존재해도 주식가치평가모형의 기본모형은 유지된다. 즉 보고이익의 기간 간 배분은 장부가치의 변동을 초래하지만 그 변동분만큼 미래 초과이익의 현가에 반영되기 때문이다.

Ohlson의 주식가치평가모형은 실제로 관찰되지 않는 경제적 이익 등에 의존하지 않고, 두 주요 회계변수인 회계이익과 순자산 가치를 사용한다는 점에서 큰 장점을 가지고 있다. 또한 CSR 가정을 통하여 회계의 기본구조를 모형에서 잘 반영하는 장점도 있다.

이후 Ohlson(1999)은 Ohlson(1995) 모형의 틀(framework)에서 이익을 지속적 이익(core earning)과 일시적 이익(transitory earning)

의 두 가지 요소로 구분하여 사용하였다.

여기서, 일시적 이익의 특성은 다음과 같다.

첫째, 다음 회계기간의 이익을 예측하는데 관하여 일시적 이익은 예측 무관련성을 갖고 있다.

둘째, 주식가치는 미래 기대배당의 현재가치라고 할 때 일시적 이익은 정보원으로서의 역할을 하지 못한다.

셋째, 현재의 일시적 이익은 차후의 일시적 이익에 영향을 주지 않는다.

정보적 관점에서 볼 때 일시적 이익에 관한 정보와 배당의 공통점은 각 효과가 순자산 장부가액에 영향을 줌으로써 포착된다. 따라서 지속적 이익, 기초 장부가액, 기말 장부가액과 관련 있는 회계정보임을 보여준다. 그러나 일시적 이익은 부의 발생과 소멸의 순 측정치임에 반해 배당은 이미 발생된 부에 대한 배분만을 반영하는 차이점이 있다.

Ohlson(1999)모형6)은 1995년 모형을 따르나 이익을 두 가지로 분해하여 확장하였다.

주식가치 결정모형에서 $X_t^a$는 다음과 같이 선형정보 회귀모형을 따른다는 것이다.

$$X_{t+1}^a = \omega_{11} X_t^a + \omega_{12} X_{2t} + \varepsilon_{1t+1} \qquad \cdots\cdots (2\text{-}4a)$$

$$X_{2t+1} = \qquad\qquad \omega_{22} X_{2t} + \varepsilon_{2t+1} \qquad \cdots\cdots (2\text{-}4b)$$

여기서, $X_{1t}$ : t기의 지속적 이익(core earnings)

$\quad\quad X_{2t}$ : t기의 일시적 이익(transitory earnings)

$\quad\quad X_t$ : $X_{1t} + X_{2t}$ = t기의 총이익(total earnings)

---

6) Ohlson, J., 1999, On Transitory Earnings, *Review of Accounting Studies:* 145-162.

위의 식을 설명하면 다음과 같다.

첫째, 만약 $X_{2t}$가 일시적 이익이라면 $\omega_{22} = 0$이 된다.

$0 < \omega_{22} < 1$은 시계열적으로 일시적 이익이 상호 관련되어 있다는 것을 의미하며 장기적으로 0이 된다는 가능성을 보인다.

둘째, 모든 이익의 구성요소가 동일한 초과이익 설명력을 갖는다면 $\omega_{12} = 0$이 된다.

셋째, $\omega_{12} \neq 0$에서는 예측변수 $X_t^a$가 일시적 이익을 포함하고 있다. 여기서 실제적인 쟁점은 $\omega_{11} + \omega_{12} = 0$이다.

넷째, 변형된 식을 보면 이익, 장부가치, 배당이 각각의 정보성에 따라 변화하는 것을 알 수 있다.

다섯째, 누구나 회계자료 이외의 다른 정보를 변형식과 가치평가에 도입할 수 있다는 것이다.

$\omega_{11} + \omega_{12} = 0$이라는 것은 초과 지속이익이 다음 기의 기대 초과이익을 예측하는데 관련 있는 정보라는 것을 말한다. 즉, 다음 기간 이익예측에 관하여 $BV_t$와 $X_t^a$가 관련이 있다는 것이며, $E(X_{t+1})$는 정상이익과 지속이익 간의 초과이익의 합이라는 것이다.

$\omega_{11} + \omega_{12} = 0$ 하에서는 $X_{2t}$가 다음 기의 기대 초과이익을 예측하는 데 무관하다. 왜냐하면, $E(X_{t+1})$를 결정하는데 충분한 $X_{2t}$를 회계자료의 집합에서 추론할 수 없기 때문이다. 이러한 상황 하에서는 $X_t$, $BV_t$, $BV_{t-1}$가 충분한 정보를 제공하고 있다고 본다. 배당과 일시적 이익은 서로 상계되기 때문에 개별적으로는 비관련 정보가 된다. 즉, 일시적 이익(transitory earnings)은 시점을 경과해서 다음 기의 이익예측에 목적적합한 정보가 될 수 없다는 것이다.

가치평가 목적과 일시적 이익이 무관하다는 것을 검증하기 위한 모형은 아래와 같다.

$$P_t = BV_t + \alpha_1 X_t^a + \alpha_2 X_{2t} \qquad \cdots\cdots (2\text{-}5)$$

여기서, $\alpha_1 = \omega/(1+r-\omega)$

$$\alpha_2 = (1+r)\,\omega_{12}/[(1+r) - \omega_{11}]\times[(1+r) - \omega_{22}]$$

만일 $X_{2t}$가 일시적이면, $P_t$는 $BV_t$, $\alpha_1$, $X_t^a$의 함수로 표현될 수 있으며 결국, Ohlson(1995)에서의 주식가치 공식이 도출된다.

Ohlson 모형은 초과이익의 선형 정보성 가정에 따라 기업가치가 현재의 장부가액과 이익 그리고 기타 정보의 선형함수로 표현된다.

그러나 이러한 선형관계는 성장과 수익성 증가에 따른 투자 지출 확대에 관한 문제를 고려치 못하였다. 따라서 무형자산 투자의 비용 처리 등과 같은 보수적 회계(conservative accounting)방법이 사용되면 순자산 장부가액이 과소 계상되므로 초과이익이 과대 계상될 것이고 이로 인해 미래 초과이익이 장기적으로 0에 접근하지 않을 수 있다. Ohlson의 Linear 모형은 보수적 회계를 고려하지 못한 문제점을 가지고 있으며, 또한 기타 정보(other information)의 문제를 구체적으로 제시하지 않은 한계점을 가지고 있다. 따라서 급속한 환경의 변화 속에서 무형자산의 비중이 큰 인터넷 및 첨단기술 관련의 기업에게는 이에 적합한 기업가치평가모형이 요구된다고 하겠다.

## 1.2 기타 모형

성장기업의 가치를 평가하는 기타의 방법으로 현금흐름할인모형 및 옵션가격결정모형을 들 수 있는데 구체적으로 다음과 같다.

### 1.2.1 현금흐름할인모형(DCF)

현금흐름할인모형(discounted cash flow: DCF)은 배당의 문제점을 해결하기 위하여 개발된 가치평가모형이다.

$$C_t - I_t = F_t + d_t \qquad\qquad \cdots\cdots \text{(2-6)}$$

여기서 $C_t$ : 영업활동으로부터의 현금흐름

　　　$I_t$ : 영업활동에 대한 투자액

　　　$F_t$ : 채무증권의 발행과 매입에 대한 순지불액

　　　$d_t$ : 주주에 대한 순배당액

위의 식 (2-6)에서 $C_t - I_t$를 잉여현금흐름(free cash flow, FCF)이라 하는데, 이는 모든 요구되는 투자를 한 이후에 기업의 자본제공자에게 제공할 수 있는 현금과 같다.

잉여현금흐름은 영업활동으로부터 창출된 가치($C_t$)에서 투자액($I_t$)을 차감한 것으로, 투자액(investments)은 비록 가치를 창출하지만 DCF가치를 감소시킨다. 실제로, 수익성 있는 많은 기업들은 새로운 수익기회를 위한 현금투자가 영업활동으로부터 얻은 현금을 초과하여, 매년 장기간동안 음(negative)의 잉여현금흐름을 나타낸다. 기업의 활동은 투자활동, 재무활동 그리고 영업활동 등으로 구분되며, 각 활동에 대한 현금흐름 관계를 알 수 있는데, 자본의 조달과 운용에 의하여 순자본 기업(채무가 없는)의 경우는 $C_{t+r} - I_{t+r} = d_{t+r}$으로 표현되고, 채무가 있는 경우는 $C_{t+r} - I_{t+r} = d_{t+r} + F_{t+r}$의 등식으로 나타낼 수 있다. 여기서 $F_{t+r}$는 채무의 조달과 상환에 대한 순지불액이다.[7]

위와 같은 관계를 배당할인모형(DDM)에 적용시키면 다음과 같은 현금흐름할인모형(DCF)이 된다.

$$P_t = \sum_{r=1}^{\infty} \rho_w^{-\tau} E_t(C_{t+r} - I_{t+\tau}) - B_t \qquad \cdots\cdots \text{(2-7)}$$

---

7) Penman, S., 2001, *Financial Stanement Analysis and Security Valuation*, McGraw-Hill: 210-231.

여기서, $\rho_w$ : 가중평균 자본비용

$B_t$ : 순부채액(net debt)[8]

위의 등식에서 기업의 가치(주식가치)는 기업에 기대되어지는 미래의 잉여현금흐름을 가중평균자본비용으로 할인한 현재가치에서 현재에 기업이 부담하고 있는 순부채액을 차감한 것이다.

가중평균 자본비용( $\rho_w$ )으로 할인한 잉여현금흐름은 영업위험(risk of operations)을 반영한 것이며, 만일 DCF에서 부채가 없는 것으로 가정하면 잉여현금흐름( $C_{t+r} - I_{t+\tau}$ )은 배당을 대신하는 평가속성이 된다. 따라서 DCF에 의한 기업가치평가를 하려면 모든 기간의 잉여현금흐름 및 최종가치(terminal value)의 예측 그리고 기간의 예측이 필요하므로 설득력이 약하다.

## 1.2.2 옵션가격결정모형(OPM)[9]

옵션은 소유자에게 만기일 또는 만기일 전에 약정한 가격(행사가격)으로 일정한 양의 기초자산을 사거나 팔 수 있는 권리를 부여하는 것을 말한다. 콜옵션(call option)은 살 수 있는 권리를 주며, 풋옵션(put option)은 팔 수 있는 권리를 준다. 또한 만기일을 포함하여 어느 시점에서나 권리행사가 가능한 아메리칸 옵션(American option)과 만기일에만 권리를 행사할 수 있는 유로피언 옵션(European option)으로 나뉘질 수 있다. 블랙(Black)과 숄즈(Scholes)가 개발한 기본적인 옵션가치평가모형은 다음과 같다.

---

8) 기업의 순부채액은 재무부채(financial obligation)에서 재무자산(financial assets)을 차감한 것이다.

9) 이에 대한 내용은 "정한규, 김철중, 윤평식 공역, 2002, 가치평가론, 경문사"에서 참고한 것임.

$$\text{콜옵션의 가치} = SN(d_1) - Ke^{-rt}N(d_1) \qquad \cdots\cdots (2\text{-}8)$$

$$\text{여기서} \qquad d_1 : \frac{\ln(\frac{S}{K})+(r+\frac{\sigma^2}{2})t}{\sigma\sqrt{t}}, \qquad d_2 : d_1 - \sigma\sqrt{t}$$

S : 기초자산의 현재가치,　　K : 옵션의 행사가격

t : 옵션의 만기,　　　　　　$\sigma^2$ : ln(가격)의 변동성

r : 옵션의 잔존기간에 상응하는 무위험이자율

블랙-숄즈의 모형에서 옵션의 가치를 결정해 주는 요인은 기초자산의 현재가치, 기초자산의 변동성, 행사가격과 만기, 무위험이자율 등의 함수로 평가될 수 있다.

옵션가격결정모형(option pricing model, OPM)은 조건부청구권인 옵션과 유사한 특징을 갖는 다른 자산에도 이용될 수 있다. 현금흐름할인법의 보완적 가치평가에 유용하나, 이모형의 한계점은 만기일 전의 조기행사를 할 수 없다는 것과 배당금의 지급을 고려하지 않았다는 것이다. 그리고 추정해야 할 변수로 인하여 많은 평가오류의 가능성이 존재하기 때문에 벤처기업의 가치를 제대로 나타내기 위한 적절한 모형설정의 어려움이 뒤따른다.

# 제2절 Non-Linear 모형

## 2.1 Non-Linear 모형의 타당성

인터넷 및 IT와 같은 첨단산업으로 미래의 성장성과 수익성을 추구하는 코스닥기업은 무형자산(지적자본)의 투자비중이 상당히 높

다. 따라서 전통기업과는 다르게 기업특성의 가치를 효율적으로 반영시킬 수 있는 적합한 기업가치평가 모형이 요구된다고 하겠다.

Zhang(2000)은 주식가치와 회계변수(이익, 장부가액) 간의 관계를 '비선형적'인 함수형태로 제시하였는데, 이는 영업효율성이 높은 (낮은)기업의 경우에는 성장옵션(중단옵션)의 가치가 큰 비중을 차지하여 '볼록한' 관계에 있는 것이라고 하였다.

벤처기업은 성장에 따른 막대한 투자지출액이 보수적 회계처리(연구개발비의 비용 처리 등)로 인하여 장부가액이 과소평가됨에 따라, 초과이익이 과대 계상될 것이고, 이로 인해 초과이익이 장기적으로 지속될 것이므로, 장부가액은 시장가치와 큰 차이가 날 수 있다. 이러한 관계를 보완해 주는 가치평가방법은 '비선형적' 모형에 의한 방법이 더 적합하다고 본다. 따라서 본 연구에서는 코스닥기업의 가치평가에 관하여 비선형모형을 선형모형의 대안으로서 측정하였다. 그리고 실증모형으로는 Ye-Finn(1999) 등에 의한 비선형(non-linear)모형을 사용하였다.

## 2.2 Ye-Finn의 Log-Linear 모형

Ye-Finn에 의한 구체적인 모형의 도출은 장부가액, 이익, 배당 간의 연계관계식 (CSR)을 재구성함으로써 시작한다.

$$BV_t = BV_{t-1}\left(1 + \frac{X_t}{BV_{t-1}} - \frac{D_t}{BV_{t-1}}\right) \qquad \cdots\cdots (2\text{-}9)$$

여기서, $BV_t$ = t기말의 순자산 장부가액.

그리고 $\Gamma_t\,[t=1,\ T] = \ln\left(1 + \frac{X_t}{BV_{t-1}} - \frac{D_t}{BV_{t-1}}\right)$로 정의하고 양변에 Log(ln, natural logarithm)를 취하면, 식 (2-9)는 아래와 같

30

이 쓸 수 있다.

$$\ln BV_t = \ln BV_{t-1} + \Gamma_t \qquad\qquad \cdots\cdots (2\text{-}10)$$

Ohlson(1995)은 초과이익($X_t^a$)이 1차 자기회귀과정(auto-regressive process of order 1, AR(1))을 따른다고 가정하였으나 (Freeman et al. 1982), Ye and Finn(1999)은 ROE(즉, $X_t$ /$BV_{t-1}$)가 1차 자기회귀과정(AR(1)) 과정을 따른다고 가정하였다.

Ye and Finn에 의하면 Ohlson의 $X_t^a$에 대한 AR(1) 가정은 순이익($X_t$)은 순배당($D_t$) 같다는 조건 하에서 적절하다는 것이다. 예를 들어, 일정기간 동안 순자산 장부가액($BV_t$)이 일정한 경우, 다시 말하면, 기업이 주식재매입이나 주식발행을 하지 않으며, 현금배당액과 순이익이 동일하다는 가정하에 적합하다는 것이다.[10] 위에서 언급한 바와 같이 Ohlson은 초과이익의 시계열행태에 대해 선형성 가정을 도입하여 주식가치를 현재의 회계정보 및 기타정보(other information)의 선형함수 형태로 표현하였다. 이를 요약하면 주식가치는 순자산모형과 이익모형의 가중평균으로 표현되는데 여기서 순자산과 이익의 가중치는 초과이익 지속계수인 ω의 영향을 받는다. 따라서 ω=0(k=0)이 되면 순자산모형(book value moder)이 되고, ω=1(k=1)일 때는 이익모형(earning model)이 된다[11]. 그러나 선형정보성(linear information dynamics)의 가정에서는 $0 \leq \omega < 1$이 되어 초과이익은 기업 간 경쟁에 의해 점차 소멸되어 간다고 주장하였다.

위와 같은 논리에 입각하여, Ye and Finn은 기업의 순배당 $D_t = 0$일 때, $\Gamma_t = \ln(1 + \dfrac{X_t}{BV_{t-1}})$은 AR(1) 과정을 따른다고 하였다.

---

10) 순배당＝현금배당＋자기주식취득－유상증자
11) 자세한 내용은 본 연구의 Linear 모형식 (2-3)을 참고하기 바람.

Ye and Finn 은 $\Gamma_t$에 대한 확장된 시계열적 과정을 다음과 같이 제안하였다.

$$(\Gamma_t - r) = \Psi(\Gamma_{t-1} - r) + I_t + \varepsilon_t \qquad \cdots\cdots \text{(2-11)}$$

여기서, r = 균형적인 장기 $ROE_t$ (경쟁시장에서의 자기자본비용
과 동일함).
$I_t$ : t-1 시점에서 $\Gamma_t$에 대한 이용 가능한 추가적인 정보.
$I_t \sim N(0,\ \sigma^2)$.
$\Psi$ : 제1차 자동 상관 계수.
$\varepsilon_t$ : 중요 관련범위 내에서의 비상관(uncorrelated)
제로－평균(zero-mean) 랜덤변수.

식 (2-11)을 가정하면, 식 (2-10)은 다음과 같이 정리된다.

$$\ln BV_t = \ln BV_{t-1} + \frac{\phi - \phi^{T+1}}{1-\phi}(\Gamma_{t-1} - r) + I_t$$
$$+ \ r\,T + \varepsilon^* \qquad \cdots\cdots \text{(2-12)}$$

또는

$$BV_t = c\ BV_{t-1}\ (1 + ROE_t)^{\beta}\ e^{I_t + \varepsilon^*} \qquad \cdots\cdots \text{(2-13)}$$

여기서, $\varepsilon^*$ : t = [1, T]에서의 $\varepsilon_t$의 선형결합.
c : T와 r에 종속되는 매개변수.
$\beta$ : $\dfrac{\phi - \phi^{T+1}}{1-\phi}$ .

기업의 내재가치 $V_t$는 T기의 최종가치를 현재가치로 환산한 것
이다.

$$V_t = \frac{E[BV_T]}{\rho^T} \qquad\qquad \cdots\cdots(2\text{-}14)$$

즉, 식 (2-13)에 기대값을 취한 것이 기업가치이다.

$$V_t = E\,(BV_t)$$
$$= a\;BV_t\,(1+\;ROE_t)^{\beta}\;e^{I_t}\;\cdots\cdots\;(2\text{-}15)$$

여기서, $a = c/\rho$.


위의 식 (2-15)와 같이, 만약 $\ln\,(1+ROE_t)$가 AR(1) 과정을 따르고 순배당=0이라면, 기업가치($V_t$)는 장부가액($BV_t$), $(1+ROE_t)$, 그리고 기타 정보($I_t$)의 증가함수(multiplicative function)로 나타낸다.

즉, 식 (2-15)는 기업가치를 장부가액($BV_t$)과 순이익($X_t$)의 로그 선형함수(log-linear function)로 표현할 수 있는 근거를 제공한다.

Ye and Finn 모형의 장점은 장부가액($BV_t$)과 $ROE_t$로 대표되는 기본적 변수들(fundamentals)과 기업가치의 관련성을 비선형으로 간략하게 표시한 것이며, 모형의 한계점은 순배당을 '0'으로 가정하였다는 것이다.

## 2.3 Hand의 Log-Linear 모형

Hand(2000a)는 Ye and Finn의 비선형 가치평가모형에 근거하고, 인터넷 기업(net firm)의 기업가치를 실증적으로 분석하였다.

Ye and Finn 모형의 식 (2-15)의 양변에 ln을 취하고 실증 분석 모형으로 전환하면 다음과 같다.

$$\ln V_t = \beta_0 + \beta_1 \ln BV_t + \beta_2 \ln(1+ROE_t) + \beta_3 I_t + \varepsilon_t$$

$$\cdots\cdots (2\text{-}16)$$

Hand는 식 (2-16)의 Log-Linear 관계를 세 가지 방법으로 분리하였다. 첫째, $V_t$가 $BV_t$와 $ROE_t$보다는 $BV_t$와 $X_t$의 선형함수라는 전통적인 모형과의 비교를 원활히 하기 위해서, 그리고 로그-변환된 변수들이 0 이거나 (−)일 때도 확실히 정의하기 위해서 식 (2-16)을 다음과 같이 정리하였다.

$$\ln(V_t+1) = \beta_0 + \beta_1 \ln(BV_t+1) + \beta_2 \, f\,[\ln(X_t+1)] + \beta_3 I_t + \varepsilon_t$$

$$\cdots\cdots (2\text{-}17)$$

여기서, $f\,[\ln(X_t+1)] = \ln(X_t+1),$      if $X_t \geq 0$

       $f\,[\ln(X_t+1)] = -\ln(-X_t+1),$      if $X_t < 0$

위의 식을 구체적으로 설명하면 다음과 같다.

첫째, 실증 분석에서 순이익이 (+)인가 (−)인가에 따라 $\beta_2$가 다르다는 것을 허용하고 있다.

둘째, 기말 장부가액($BV_t$)은 순자산 장부가액에서 당기순이익을 차감한 것($BV_t - X_t$)을 사용하며, 이익가산 전 순자산 장부가액($PIBV_t$)으로 대체한다. 이는 두 변수 $BV_t$와 $X_t$의 중복성을 피하기 위한 것이다. 즉, $X_t$는 $BV_t$의 일부에 포함되기 때문에, $BV_t$를 $PIBV_t$로 대체하면, $V_t$에 대한 $X_t$의 증분적 영향(marginal impact)에 좀더 정확한 추정할 수 있다. 따라서

$$\ln(V_t+1) = \beta_0 + \beta_1 \ln(PIBV_t+1) + \beta_2 \, f\,[\ln(X_t+1)] + \beta_3 I_t + \varepsilon_t$$

$$\cdots\cdots (2\text{-}18)$$

34

셋째, 순이익 구성요소들($X_1$과 $X_2$)이 미래의 이익(따라서 미래의 장부가치) 결정에 중요한 정보라면, 이들 구성요소를 기타 정보($I_t$)에 대체할 수 있다. 예를 들어,

$$\ln(V_t+1) = \beta_0 + \beta_1 \ln(PIBV_t+1) + \beta_2 \ f \ [\ln(X_{1t}+1)] \\ + \beta_3 \ f \ [\ln(X_{2t}+1)] + \varepsilon_t \quad \cdots\cdots \ (2\text{-}19)$$

이 연구는 다음과 같은 두 가지 장점이 있다.

첫째, 로그－선형 회귀분석(log-linear regressions)은 재무자료의 비정상적 혹은 과도하게 영향을 미치는 관찰치들(예, 거대기업 자료)의 영향을 감소시킨다.

둘째, 로그－선형(log-linear) 회귀식은 잔차의 이분산성(hetero scedasticity)의 가능성을 줄여준다.

예를 들어, 시장가치, 순이익, 장부가액 등에서 높은 비대칭도를 보이는 인터넷기업의 가치평가에 더 적절하다고 말할 수 있다. 소수의 극단치 자료가 계수추정치의 크기와 유의성에 영향을 주는 상황을 예방하기 위하여 OLS 회귀모형을 적용하는 대부분의 연구자들은 먼저 극단치들을 확인한 다음 제거하는 과정을 거친다. 그러나 지수화된 자료에서는 극단적인 관찰치들의 영향이 현저히 낮기 때문에 극단치 제거의 필요성이 적다. 그리고 단기간의 일시적인 부분을 제외하기 위해 당기순이익(net income)에서 특별항목(special items)을 차감한 것으로 핵심 순이익(core net income: CNI)으로 정의한다.

# 제3절 선행연구의 검토

## 3.1 Linear 모형에 대한 선행연구

Ohlson 모형의 후속연구에 관하여 살펴보면 다음과 같다.

Dechow et al. (1999)는 Ohlson(1995)에 의해 제시된 잔여이익 가치평가모형(RIM)의 실증적인 의미를 제공하였는데, Ohlson 모형에 의한 실증적 연구가 배당할인모형(DDM)에 의한 과거의 연구와 비슷하다고 설명하였다.

현재의 정보에 미래잔여이익을 연계한 Ohlson의 정보모형의 실증적 유용성을 평가한 결과에 의하면, RI(residual income)는 평균회귀과정(mean reverting process)을 따르고, 평균 회귀율은 회계와 경제적 분석에 의해 제시된 기업 특성치와 체계적인 관련이 있으며, 정보모형에서 분석가의 이익 예측 정보가 정확성을 증가시킨다고 하였다.

주가(stock prices)는 RI의 평균회귀를 일부 반영하며, 장부가액(book value)이 이익을 통하여 주가에 설명력 있는 정보를 가지고 있지만, 분석가의 다음 년도 이익 예측치 이외 추가적인 정보는 거의 없다고 하였다. 즉, 정보성(information dynamics)보다는 전문가 이익 예측치를 이용한 단순한 가치평가 모형이 주가에 대한 설명력이 더 있는 것으로 나타났는데, 이는 투자자들이 현재의 회계정보보다는 전문가들의 이익예측 정보에 더 비중을 두고 있기 때문이라고 주장하였다. 그럼에도 불구하고 장부가액, 이익, 단기이익 예측 등을 사용한 기존의 가치평가모형들에게 단순화된 이론구조를 제시하고, 현행 정보변수와 미래 초과이익 간의 관계에 초점을 둔 Ohlson의 모형은 실증적 연구에 유용한 틀(framework)을 제공한다고 결론을 내렸다.

Myers(1999)는 Ohlson(1995)의 선형 정보성에 대한 실증 분석을 하였으며, Feltham and Ohlson(1995, 1996)의 모형들도 함께 검증하였다. 실증 분석은 개별기업을 대상으로 여러 선형모형들에 대한 모수를 추정하고 이를 이용하여 주식가치를 추정한 후, 주가추정치를 실제주가와 비교하는 방식으로 수행되었다. 표본기간은 1975-1996년에 걸쳐 2,601개의 상장기업들을 대상으로 하였다.

Myers는 총 4가지의 선형모형을 대상으로 검증하였는데, 첫 번째는 Ohlson 모형에서 기타 정보를 생략한 것이고, 두 번째와 세 번째는 보수적 회계를 고려하고 있는 Feltham and Ohlson의 모형들이며, 네 번째는 기타정보까지 포함한 선형정보모형으로 수주잔고를 그 대용치로 하였다. 실증 분석 결과, 위의 선형모형들은 전반적으로 낮은 주가추정능력을 보이고 있으며 일반적으로 가치평가과정을 잘 표현하지 못하는 것으로 나타나고 있다.

정혜영(1996)은 Ohlson의 기업가치평가모형을 이용하여 기업가치를 대차대조표상의 순자산 장부가액, 미래현금흐름, 미래성장률, 기업위험도, 회계처리 방법의 보수성정도 등의 회계수치를 함수로 나타내는 모형을 제시하였으며, 이를 실증 분석하였다. 연구결과에 의하면 주당 순자산 장부가액의 비율인 P/B 비율의 결정요인 분석에서는 다양한 미래 현금흐름 변수들 중에서 미래 경상이익의 흐름이 현재의 P/B 비율과 가장 높은 상관성을 갖는 것으로 나타났으며, 미래 현금흐름, 미래 성장률, 기업위험도 및 회계처리방법 등을 고려한 P/B 비율의 결정요인에서 기업위험도와 회계처리방법을 제외한 변수들의 추정계수가 유의함을 증명하였다. 또한 주당 주식가격의 결정요인 분석에서는 주당 순자산 장부가액, 미래 현금흐름, 미래 성장률, 기업위험도, 회계처리방법 및 현재의 주가지수 수준을 포함하여 회귀분석을 한 결과 전체적인 모형의 적합성이 유의하였으며, 모형의 설명력 또한 매우 크게 나타났다. 따라서 주당 순자산 장부가액이 기업가치 결정에 중요한 역할을 한다는 증거를 제시하였다.

김문현(1998)은 기업특성변수와 보수주의 회계의 관련성을 통해 기업특성변수가 기업가치평가에 미치는 영향을 Feltham and Ohlson(1995) 모형을 이용하여 실증 분석하였다.

분석에 사용된 특성변수로는 기업규모, 자본구조, 소유구조 등 기존 실증 회계연구(positive accounting theory: PAT)에서 기본가설(기업규모가설, 부채비율가설, 주주지분비율가설)을 사용하였으며, 1993년-1995년 상장 제조업체의 12월 결산법인을 표본으로 하였다.

첫째, 기업 특성변수와 보수주의 회계의 정도 사이를 실증 분석하였는데, 분석 결과 전체표본을 대상으로 한 회귀분석에서, 총자산과 순매출액으로 측정된 기업규모는 보수주의 회계와 음의 관계, 부채비율 및 소수 주주 지분비율은 양의 관계라고 설정한 연구가설과 일치하는 결과를 얻었다.

그리고 변수 사이의 다중공선성 문제를 피하기 위해 미기록 영업권을 이용하여 전체표본을 동질성이 확보되도록 표본을 분할하였는데, 미기록 영업권이 양인 경우는 기업규모와 부채비율이, 미기록 영업권이 음인 경우는 부채비율과 소수 주주 지분비율이 유의하였다. 보수주의 회계는 기업규모에 의해 주로 영향을 받으며, 자유주의 회계는 기업규모와 소수 주주 지분비율뿐만 아니라 다른 요인에 의해 영향을 받는 것으로 나타났다.

둘째, 회계이익과 순장부가액이 기업가치의 수준에 대해 의미를 달리하는 경우 보수주의 회계가 유의하였다. 또한 보수주의 회계의 정도는 자산재평가 후 경과기간과 상장기간이 긴 기업에서 큰 것으로 나타났다.

셋째, 명백한 잉여관계를 벗어나는 회계처리의 한 예인 순 전기오류 수정이익은 보고 연도의 기업가치에는 영향을 미치지 않는 반면, 보고 연도의 직전으로 가정한 발생연도의 기업가치에 반영되었다.

연구결과에 의하면, 회계정보를 이용하여 기업가치를 평가할 때 보수주의 회계를 고려하는 것이 타당함을 의미하며, 이때 순 영업자산에 대한 보수주의 회계는 기업특성에 의해 설명될 수 있음을 나타내었다. 또한 실증회계 연구는 경영자의 회계처리 절차의 선택에 영향을 미치는 변수로 기업특성변수를 고려하고 있지만 기업가치평가에 미치는 영향에 대해서는 알려주지 못한다고 주장하며, 기업특성변수는 보수주의회계 정도와의 관련성을 통해 기업가치에 영향을 미치며 그 영향의 정도를 추론하는 것이 가능하다고 하였다.

기타 모형에 대한 선행연구에 관하여 살펴보면 다음과 같다.

Schwarts and Moon(2000)은 실물옵션모형을 이용하여 인터넷 기업인 아마존 닷컴의 기업가치를 분석하였다. 매출의 기대성장률은 장기평균에 수렴하는 평균회귀과정을 따른다고 가정하고, 인터넷 기업가치를 결정하는 연속시간상에서의 모형을 개발하였다. 개발한 모형을 위험조정과정을 통하여 이산시간상의 모형으로 변화시키고 Monte Carlo 시뮬레이션을 10만번 시행하였다. 실증 분석에서 일정시점까지는 일반적인 현금흐름할인모형(DCF)을 사용하고 그 이후의 기간은 EBITDA(세금, 감가상각비, 이자비용 등을 차감하기 전의 이익)의 10배를 잔존가치로 사용하였다. 분석 결과 1주당 주가는 $12.42로 나와 당시의 주가인 $76이 상당히 고평가되어 있다는 결론을 얻었다. 또한 민감도 분석 결과는 변동비의 비율이 중요한 변수로서 기업가치를 가장 많이 변화시키는 것으로 나왔다.

Damodaran(2000)은 인터넷 기업의 가치평가방법에 현금흐름할인모형(DCF)의 적용상의 문제점을 지적하고 이에 대한 해결방안을 제시하였다.

실질적인 이익을 얻지 못하는 기업의 경우는 그 원인에 따라 몇 가지 변형방법을 사용하여 기업가치를 계산할 것을 요구하였다. 즉 일시적인 이익을 얻지 못하는 기업의 경우에는 과거 정상적인 이익을 얻었던 시점의 자료를 이용하여 정상적인 이익의 값을 역산하여 구하고, 기반시설투자 및 타기업의 인수합병 등으로 인하여 부채가 많은 기업의 경우에는 부채비율이 정상적이었을 때를 역산하여 계산한다는 것이다. 그러나 이익을 사용하기보다는 음수(−)가 아닌 매출액을 사용하여 자료를 예측하도록 제안하였다.

이에 대한 실증연구로서 Amazon.com의 99년 3분기 기업가치를 분석하였는데, 향후 10년간의 매출성장률을 42.6%, 이후 기간의 성장률을 6% 그리고 산업이 안정되었을 때의 영업이익률을 10%로 가정하고, 베타는 1.6을 사용하여 한 결과, 기업가치는 $119.55억으로 나타났고, 1주당 주가는 $35로 나타났다. 이는 당시 주가의 반에 해당하는 금액으로서 당시의 주가가 매우 과대평가되었다고 주장하였다. 그러나 영업이익률과 성장률에 대한 민감도 분석 결과, 이 같은 변수들이 매우 민감하게 반응하고 있다고 주장하였다.

이규헌(2000)은 기존의 여러 가지 기업가치평가모형에 대해 고찰하고, 성장성이 중요시되는 벤처기업의 가치를 판단하기에 적합한 모델로 실물옵션모형을 제안하였다.

실증 분석은 코스닥기업에 벤처기업으로 등록되어 있고 1999년도에 재무제표와 주가자료가 존재하는 56개 표본기업을 대상으로 하였으며, 실물옵션 모형인 Carr and Jarrow(1990) 모형과 McDonald and D. Siegel(1986) 모형을 이용하여 표본으로 선정된 각 기업의 주가를 계산하고 이를 통해 주식가격의 과대평가 여부를 판단하였다. 분석 결과는 벤처기업들의 주가는 전체적으로 과대평가된 부분이 많은 것으로 나타났지만, 상대적으로 과소평가된 일부기업들은 크게 과소평가되어 있어 주가의 조정기간이 필요하다고 보았으며, 시장원리에 따른 M&A 등에 의한 옥석을 가리는 작업들이 뒤따라야 한다고 보았다. 또한 벤처기업들의 성장가치가 보유한 자산의 크기와 거의 동일하게 나타나고 있는데 이는 자산에 상당한 양의 자본이득(1999) 부분이 감안된 점을 고려할 때 벤처기업들은 보유자산에 의한 가치의 형성만큼이나 미래성장성에 대한 부분에도 큰 가치를 두고 있는 것으로 분석하고 있었다.

실물옵션(real option) 모형의 장점으로는 기존의 미래현금흐름을 기준으로 기업가치를 평가했을 때 겪었던 미래성장성 측정의 어려움을 해결해 준다는 것이며, 한계점으로는 분석 결과의 오류가능성과 특히, 성장옵션의 가치를 계산하기 위해 가정한 추정변수(예, 기대수익률, 경제성장률 등)들이 급격히 변화할 경우 결과자체가 달리 나올 수 있다고 하였다.

## 3.2 Non-Linear 모형에 대한 선행연구

Ohlson의 Linear 모형이 충분치 않다는 실증적 증거는 다음과 같은 학자들에 의하여 제시되고 있다.

Burgstahler and Dichev(1997)는 기업가치평가함수가 순이익 또는 장부가액에 대하여 선형이 아닌 볼록형이라는 것을 발견하였다. 이들에 의하면 주식가치는 계속영업가치와 전환가치의 결합으로 표현되고 있다. 계속영업가치는 보유자원을 현재의 영업에 계속 사용할 경우의 미래 기대이익을 자본화한 가치(captitalized expected earnings)로 정의되고, 전환가치는 보유자원을 대체적 사업에 투입할 때의 가치로 정의된다. 이러한 전환옵션을 고려할 때, 주식의 가치는 일정한 전환가치 하에서 미래 기대이익에 대해 볼록한 증가함수 관계에 있고, 미래 기대이익이 일정할 때의 주식가치는 전환가치와 볼록한 증가함수 관계에 있는 것으로 제시되고 있다. 현재이익과 기초 순자산을 각각 미래이익과 전환가치에 대한 대용치로 사용하여 수행된 실증 분석 결과는 주식가치와 이익/순자산 장부가액의 관계가 비선형적임을 보이고 있다. 그러나 이들의 연구는 주식가치의 결정구조에 대한 엄격한 분석을 제시하지 않고 있으며, 또 주식가치와 현재의 회계정보에 대한 이론적 분석도 결여된 한계점이 있다. 또한 기업의 성장(growth) 가능성이 주식가치에 미치는 영향도 고려되지 않고 있다.

Hayn(1995)과 Collins, Pincus 그리고 Xie(1999)는 순이익에 대한 가치평가 영향력이 양(+)과 음(−)의 순이익 간에 비대칭적이라는 것을 보고하였으며, 또한 이익수준에 따라 기업가치를 설명하는데 순이익 대 장부가액의 상대적 중요성이 달라졌다고 보고하였다.

Hand(2000a)는 기본적인 재무자료(accounting data)가 시장가치와 가치 관련성이 있는지에 대하여 인터넷 기업을 대상으로 검증하였다.

기업가치와 재무정보와의 관련성에 대하여 Log-Linear 회귀분석을 사용하여 검증한 결과, 특히 인터넷 기업(net firms)의 시장가치는 순자산 장부가액에 선형적으로 증가하고, 양(+)의 순이익에 증가하는 비선형적 관계이지만, 음(-)의 순이익에서 감소하는 비선형적 관계의 형태라는 것을 발견하였다.

손실액이 발생하는 것은 GAAP가 인터넷 기업에서의 무형자산에 대한 거대 투자액을 비용화 하기를 요구하기 때문이지만, 자본시장은 보수적 회계를 반영한다는 것을 가설로 삼고 있다. 즉 시장상황은 인터넷 기업이 발표한 손실액이 부족한 경영능력 때문이 아니라 마케팅과 연구개발(R&D) 등의 분야에 눈에 보이지 않는 거대한 투자를 한 때문이라는 것을 이해하게 되었다. 또한 음(-)의 이익을 나타냈다고 해도 인터넷 기업의 시장가치는 확실히 증가했으며, 이런 기업일수록 마케팅과 R&D에 투자한 비용이 더 많다는 사실을 알 수 있었다.

Zhang(2000)은 기업가치에 대한 순이익과 장부가액의 역할을 재검토하고, 가치평가 기능에서의 횡단적 차이점을 조사하기 위하여 이론적 모형을 개발하였다. 즉 막대한 투자의사결정 과정에서는 기업가치가 순이익과 장부가액에 대하여 선형이 아닌 비선형이라는 가설을 실증적으로 확인시켜 주었다.

그에 의하면, 기업은 충분한 수익성이 있을 때 영업활동 규모를 확장하고, 수익성이 충분치 않을 때는 중단하려는 옵션(option)을 취하기 때문에 기업가치가 순이익과 장부가액에 볼록성 관계가 될 것이며, 기업가치에 대한 순이익 대 장부가액의 상대적 중요성 역시 영업효율성과 성장잠재력에 따라 횡단적으로 변화할 것이라고 예측하였다. 즉, 저효율성(low-efficiency) 기업에 대해서는 장부가액이 순이익을 지배하지만, 성장기업에서는 순이익의 유용성(usefulness)이 성장잠재력의 크기에 따라 증가한다는 것이다. Zhang(2000)의 연구는 주식가치와 회계변수(순이익, 장부가액)와의 관계를 비선형적으로 분석하고 있다는 것이 중요한 의미를 갖는다. 다만, 실증연구에 사용될 수 있는 구체적인 가치평가모형이 제시되지 못하고 있는 것이 한계점이라 하겠다.

Biddle et al. (2001)은 수익성과 투자/축소 결정과의 관계를 명시적으로 고려하여 초과이익모형을 재검토하고 있다.[12]

현재의 수익성이 높아서 투자가 있게 되면(보수적 회계와 관계없이) 미래초과이익은 현재의 초과이익에 대해 볼록한 증가함수 관계에 있는 것으로 나타나고 있다. 또한 수익성이 저조하여 영업규모의 축소가 있는 경우에도 미래초과이익은 현재초과이익에 대해 볼록한(convex) 관계에 있다. 그리고 이러한 비선형적 관계에 따라 가치-장부가액 프리미엄(영업권)도 현재의 초과이익에 대한 볼록한 관계에 있는 것으로 추론되고 있다. Biddle et al. (2001)의 연구는 Ohlson(1995) 및 Feltham and Ohlson(1995) 모형의 선형성 가정이 제약적임을 시사하고 있다.

---

12) "김권중, 김문철, 2002, 기업가치평가와 회계연구, 한국 회계학회 특별 연구서"에서 재인용.

# 제4절 비재무정보에 의한 기업가치평가

## 4.1 비재무정보의 기업가치 관련성

재무정보는 일반목적의 재무제표13)를 통하여 공시되는 재무적 정보를 말한다.

재무제표가 의사결정자들이 원하는 정보를 제공해 주기 위한 1차적인 정보의 원천이지만, 과거의 영업실적을 나타내 주는 역사적 자료이고, 화폐단위를 사용하여 합리적으로 측정하고 표현할 수 있는 정보만을 전달하기 때문에 진정한 기업가치를 평가하는 데는 한계가 있다.

기업 활동을 좌우하는 요소 중에는 화폐로 환산할 수 없는 요소들이 많이 존재한다. 회사와 회사제품에 대한 일반적인 소비자들의 평판과 기업에 대한 성과(goodwill), 경영자의 철학과 능력, 종업원의 사기와 기술수준 등은 모두 화폐단위로 평가하기 곤란하지만 기업의 이해관계자들에게는 중요한 정보들이다14). 이러한 비재무적 요인들은 인터넷기업과 같은 지적자본의 가치의 비중에 큰 경우는 기업가치에 더욱 중요한 영향으로 대두되고 있다.

빠른 속도로 확산되고 있는 e-Business로 인해, 인터넷에 대한 회계와 재무의 학문적 연구가 비교적 최근에 이루어지기 시작했다.

경제 환경 변화의 양상을 보면, 세계가 하나의 시장으로 통합되면서 경쟁이 더욱 격화되었고, 지식과 정보가 가치창출의 주요 원천으로 등장하게 되었으며, 세계적인 경쟁력을 갖춘 기업만이 생존 가능하게 되었다. 산업구조도 제조 산업중심에서 첨단기술 산업중심으로

---

13) 현행 재무제표는 대차대조표, 손익계산서, 이익잉여금처분계산서(또는 결손금처리계산서), 현금흐름표 등으로 되어있다.
14) 이근수, 정혜영, 1999, 현대회계학원론, 법문사.

44

변화되고 부가가치 창출의 원천이 지식과 정보로 급속히 대체됨에 따라 기업가치 증대에 대한 재검토가 제기되고 있는 실정이다.

더욱이 급변하는 경제 환경 속에서 첨단업종으로서 성장잠재력이 강하고 불확실성이 높은 코스닥기업을 평가하는데 순자산 장부가액 및 회계이익과 같은 재무정보만으로는 그 유용성이 감소될 수 있다. 특히 벤처기업은 시장에서의 전략적 우위를 확보하기 위하여 미래 투자활동을 중시하기 때문에 눈에 보이지 않는 비재무정보가 상대적으로 높은 비중을 차지할 것이다.

Cooper, Dimitrov와 Rau(2000)는 기업이 닷컴(".com")과 관련된 인터넷 기업으로 이름을 바꾸자, 그 이후 10일 만에 125%의 평균 초과주식수익률을 올렸다는 획기적인 결과를 발표했다. 이러한 결과는 인터넷 기업의 주식에 비싼 값을 매기는 광적인 투자자들이 생겼다는 것을 암시하는 것이다.

Schill과 Zhou(2000)는 모회사의 도움 없이 진로를 개척한 인터넷 기업에 대한 투자자들의 가치평가를 비교했다. 그들은 몇몇의 예를 통해 모회사가 출자한 인터넷 기업의 주식가치가 일정한 기간동안 전체적인 모회사의 시장가치를 초과함으로써 가격법칙을 유의하게 위반한 사실을 발견했다.

Trueman et al. (2000a)은 미래수익을 예상하기 위한 분석가의 역할과 과거수익 그리고 웹 거래에 대해서도 조사했다. 그들은 분석가들이 미래수익을 상당히 과소평가하고 있다고 결론지었는데, 역사적인 수익의 증가와 웹 거래는 분석가들의 오류를 뒷받침해주고 있다.

인터넷 기업의 전략상 마케팅에 중요한 역할이 부여되면서, Hand(2000b)는 일반적으로 가격을 낮게 책정하는 방법으로 판매하는 최초기업공시(IPO)의 형태로 이루어지는 명시적인 마케팅 비용과 내재적인 마케팅 비용의 범위를 조사했다. 그는 인터넷 기업이 어떻게 효과적으로 그들의 기업공개를 실제보다 낮게 발표하는가에 대한 질문에 대한 답으로 명시적인 마케팅 비용이 내재적으로 쓰여지는 마케팅 비용보다 훨씬 더 효율적이라는 결론을 내렸다.

Bartov et al. (2002)은 Trueman et al. (2000b), Hand(2000b), Demers and Lev(2001) 등이 연구한 인터넷 기업의 기업가치에 근거해서 순이익, 장부가액의 전통적인 기업가치평가를 논하였다. 즉 IPO(initial public offering) 단계에 있는 인터넷 기업의 가치평가에 초점을 두고 두 가지 관점에서 분석하였다.

첫째로, 인터넷 기업에서의 IPO 가치평가에 관하여 재무적(예, 순이익, 현금흐름, 매출액, 순자산 장부가액) 변수와 비재무적(예, offering size: FLOAT, initial price range: PARTIAL) 변수 간의 관계에 대하여 조사하였고 둘째로, IPO 과정(예, 최종 주문 가격과 최초 거래일 가격)에서의 횡단적 차이점은 물론 인터넷과 비인터넷 기업 간의 IPO 가치평가의 차이점을 논하였다.

연구결과는 최초 IPO 가격결정 단계와 IPO 시점에서 인터넷 기업과 비인터넷 기업의 가치평가에 유의한 차이점을 발견하였다. 인터넷 기업의 IPO는 비인터넷 기업보다 몇 배 더 높은 양(+)의 현금흐름과 매출액을 나타내었고, 매출성장율과 상대적 주문량(FLOAT)은 인터넷 기업에서만 중요하다고 주장하였다.

## 4.2 비재무정보의 종류

본 연구는 비재무정보가 코스닥기업의 기업가치평가에 추가적인 설명력을 갖는지 실증 분석하기 위하여 사업다각화 정도, 시장점유율, 보상형 스톡옵션 부여율, 경영자의 보수, 내부자 지분율 등을 비재무변수로 선택하였다. 따라서 분석대상이 되는 비재무정보에 관한 내용을 살펴보면 다음과 같다.

### 4.2.1 사업다각화

코스닥기업에서는 성장성과 기술성이 매우 높은 벤처중심의 중소기업들로 구성되어 있으며, 설립초기단계에 있기 때문에 다양한 사업부문으로의 판매를 시도할 것이다. 따라서 시장침투 및 두 가지를 통해 기업성장을 꾀하려고 노력할 것이며, 실제로 기술 관련의 주된 사업 분야 이외에 판매업, 임대업 등의 다각화를 진행시키고 있다. 다각화의 성장방향은 제품에서는 기술 관련 유무가, 시장에서는 고객의 타입이 구분의 기준이 된다.

다각화(diversification)의 개념은 일반적으로 하나의 기업이 이종산업 또는 새로운 시장에 진입함으로써 서로 다른 다수의 사업을 영위하는 것으로 정의될 수 있다.

다각화는 기업의 위험을 분산시켜 기업가치를 증가(Khanna, Tarun and Krishana Palepu, 2000)시킬 수 있는 반면, 기업의 자원을 핵심사업과 관련이 없는 사업부문에 비효율적으로 투자하여 기업의 가치를 하락(Denis, Denis and Sarin, 1997)시킬 수도 있다.

다각화가 기업가치에 미치는 일부 부(−)의 영향에도 불구하고 수많은 기업들이 사업다각화를 포기하지 않고 시도하는 이유로는 Denis, Denis and Sarin(1977)에 의하면 대리인비용 가설과 일치한다고 볼 수 있다. 즉 사업다각화가 기업가치를 증대시키지 않을 수도 있으나 경영자들이 사업다각화에 수반되는 기업규모의 증가에 따른 경영자 보상의 증가, 개인적 명성, 경영자 부의 분산효과 등의 사적동기가 있기 때문에 다각화를 추진한다는 것이다.

현실적으로 다각화가 선호되는 것은 기업의 성장성, 수익성 및 탄력성의 실적수준과 목표수준과의 사이에 갭이 생겨 확대전략보다 다각화 쪽이 수익성이 높다고 판단되어 그 실현가능성이 높은 경우이다. 즉 호황기에는 기업외부의 경제적 기회가 증대되며, 자본회전율이 빠르고, 기업유동성이 높으며, 다각화 투자의 위험은 기업자적

결정에 있어서 주관적으로 과소평가되는 등의 이유로 다각화 선택이 많아진다. 반대로 불황기에는 이들 다각화의 요인들이 역작용하기 때문에 다각화를 택하는 기업은 급격히 감소하는 경향이 있다. 대개의 기업은 다각화로 성장기회를 발견하고 높은 성장을 이룩하고 있다. 그 이유로는 첫째, 경제성장률이 높았고, 기업을 둘러싼 경제사회 환경과 기술 환경의 변화가 심하였으며 둘째, 환경의 변화로 새로운 제품, 새로운 시장에 많은 성장기회가 생겼고 셋째, 기업의 성장의욕이 높았다는 것 등을 들 수 있다. 코스닥기업의 경우, 대리인비용의 문제는 그리 심각하지 않을 것으로 보이며, 단지 매출수익 신장을 위한 다양화와 미래이익을 창출할 목적으로 다각화를 시도할 것으로 보이기 때문에 이러한 점이 기업가치에 어떠한 영향을 가져다 줄 것인지를 실증 분석한다.

## 4.2.2 시장점유율

시장점유율(market share)은 특정업종의 제품시장에서 취급되는 전체 거래량 중에서 특정기업이 차지하는 비율을 말하며, 어떤 산업의 독점도를 나타내는 유력한 지표로 이용된다.

경영전략의 핵심은 고객가치의 창출이다. 고객가치는 기업이 제공하는 제품, 가격, 서비스, 고객관계 및 이미지의 배합에 의하여 창출된다. 고객가치 창출 전략은 목표고객을 정한 다음 새로운 고객을 획득하거나 기존고객을 계속 보유하거나 또는 관계를 심화시키기 위하여 경쟁기업과 차별화하는 전략이다. 이것은 고객관계를 개선하기 위하여 고객과 내부프로세스를 연결시키는 역할을 하며, 기업들은 운영상의 전략, 고객과의 친밀성 전략, 제품의 시장선도 전략 등을 다른 기업과 차별화된 고객가치 창출전략에 중점적으로 사용하고 있다.

Amir and Lev(1996)는 기업가치평가에 있어서 무선통신 산업의 경우엔 재무정보에 추가하여 가입률, 해지율, 시장점유율 등과 같은 비재무정보도 미래현금흐름에 유의한 변수임을 주장하였다.

기업이 시장점유율을 중시하는 이유는 점유율이 그 기업의 시장에서의 평가를 반영한다고 생각하고, 시장점유율의 저하가 금융기관의 경계를 초래하여 경영자의 지위를 약화시킬 우려가 있다는 등의 이유 때문이다. 시장점유율은 이익률이나 이익액과 더불어 기업의 업적을 판정하는 척도인데 특히 이익을 그다지 기대할 수 없는 기업에 대한 신제품의 경우에는 유일한 판정 척도가 된다.

기업의 브랜드와 이미지는 상품의 가치를 높이는 중요한 요인으로 볼 수 있으며, 벤처기업의 경우엔 브랜드에 대한 인지도가 전통기업에 비해 상대적으로 낮지만, 신제품과 신기술에 의한 기대의 폭이 클 것이라 생각된다. 따라서 미래현금흐름을 낙관적으로 평가할 수 있는 시장점유율은 그 비중이 높을수록 기업가치와 유의한 관련성이 있을 것이다.

### 4.2.3 보상형 스톡옵션 부여율

스톡옵션(stock option, 주식매입선택권)15)이란 기업이 기업의 임직원 및 기업관련 전문 인력에게 자기회사의 주식을 미리 약정한 가격으로 일정한 수량을 일정한 기간 내에 매수할 수 있는 권리를 부여할 수 있는 제도로서 임직원보상제도의 일종이다. 스톡옵션은 주식연계형 보상수단으로 창업초기 자금력의 부족으로 우수인력을 유치하기 힘든 벤처기업에서 우수인력을 유치하기 위한 수단이나 또는 전문경영인체제 하에서 경영자와 임직원에게 성과향상을 위한

---

15) 스톡옵션의 회계에 관한 현행 기업회계기준은 당해연도 말 주식의 시가와 스톡옵션 행사가격의 차이를 권리부여일로부터 권리행사일까지의 기간동안에 안분하여 손익으로 회계 처리하도록 규정하고 있다. 또한 스톡옵션의 행사시 전기 말 시가와 행사당시 시가와의 차이를 손익으로 처리하고 있다

동기부여의 주요한 수단으로 최근 각광을 받고 있다.

Akresh and Fuersich(1994)은 high-tech 기업이나 신생기업 등은 당장의 현금수요가 많은 기업이기 때문에 다른 기업들에 비하여 보상형 스톡옵션을 많이 부여하고 있어서 보상형 스톡옵션의 회계처리기준에 더욱 민감하다고 주장하였으며, Espahbodi et. al은 주식보상비용의 인식으로 인하여 이들 기업의 부채비율이 상승할 가능성이 높아지기 때문에(부채계약가설) 회계처리기준의 영향을 더 많이 받는다고 설명하였다.

Bell, Landman, Miller and Yeh(2001)는 주식매입선택권에 관한 회계처리방법(예, 비용화 vs. 자산화)에 따라 기업가치 관련성이 달라지는지를 비교하였다. 소프트웨어 개발기업들에 적용된 실증 분석 결과에 의하면, 기업가치평가에 대한 회귀분석모형에서 ESO 부여로 인한 미인식 무형자산이 존재하며, 그 무형자산의 효익은 의무용역제공기간보다 더 길게 존속되는 것으로 나타났다. 이것은 비용으로 처리된 주식보상비용은 R&D 비용과 유사하게 자산성을 갖는다는 주장이다.

스톡옵션 부여율은 종업원의 동기부여의 효과로서 기업이 유능한 인재를 확보하여 이들로 하여금 기업가치를 높이도록 기여하는데 목적이 있다. 따라서 고수익, 고성장의 가능성이 높은 코스닥 벤처기업은 이들에게 부여되는 스톡옵션(stock option)이 궁극적으로 기업가치에 긍정적인 요인으로 작용할 것이다.

## 4.2.4 경영자의 보수

경영규모의 확대와 주식의 분산이 고도화됨에 따라 기업은 소유와 경영의 분리형태를 가져왔고, 기업경영은 과거의 소유자 지배(owner control)에서 경영자 지배(management control) 형태로 전환하게 되었다.

기업 활동에 직접적인 영향을 미치는 경영자는 자금의 조달, 생산기술의 방법, 노동력과 생산재(공장, 설비, 원재료, 인력 등)의 획득과 생산 활동의 수행, 판매망의 확보, 미래에 대한 예측 등의 능력이 요구된다. 특히 경쟁이 격심한 산업사회에서는 부의 창출을 위한 제반 경영자의 자질과 능력이 불가결한 요인으로 대두되고 있다.

더욱이 정보기술 중심의 신생 벤처기업의 경우엔 환경변화에 잘 대처해 나갈 수 있는 분야별 유능한 전문 인력을 확보하는 일이 중요하다고 본다.

경영자의 능력은 시장에서의 경쟁적 우위를 차지함은 물론 기업가치를 높이는 것과 밀접한 관계가 있다고 보고, 기업은 유능한 경영자를 서로 유치하려고 노력할 것이다. 본 연구는 이러한 전문경영인의 능력을 보상해 주는 우선적 조건으로 경영자의 보수체계를 들었다.

초창기 벤처기업은 소유자 지배형태 및 특수 관계인의 경우가 많고, 경우에 따라선 성과에 대한 보수가 적을 수도 있겠지만, 기업이 성장함에 따라 전문경영자의 영입과 아울러 경영인의 보수도 크게 올라갈 것이다. 따라서 경영자의 보수 수준과 기업가치는 유의한 관련성이 있을 것으로 추정하고 비재무변수로 선택하였다.

## 4.2.5 내부자 지분율

기업내부자라 함은 소유주 및 특수 관계인을 일컫는 것으로서, 내부자 지분율은 기업이 발행한 총 주식수에 대하여 기업내부자들이 소유하고 있는 주식보유율을 말한다.

기업의 기대현금흐름에 관한 정보를 독점적으로 소유할 수 있는 내부경영자들은 그들이 적절한 동기를 갖는 경우에는 기업의 장래에 관한 명확한 신호를 확립하고자 할 것이다. 시장가격이 모든 정보, 특히 미공개정보를 반영하지 못한다는 의미에서 금융시장(financial market)이 모든 정보를 충분히 집합하지 못하고 있다고 가정한다면,

경영자가 재무정책 결정을 통하여 시장 참여자들(the market)에게 내부정보를 전달할 것이라는 신호표시(signaling)의 수단으로 자본구조의 변경이 이루어 질 것이다. 신호표시 균형을 정립하기 위해서는 첫째, 신호가 분명해야 하며 둘째, 경영자들은 언제나 적절한 신호를 제공하는 유인을 가져야 한다. 유인적 신호표시에서는 경영자가 일반 투자대중에게 그 기업의 미래성과에 대한 명확한 신호를 보내는 수단으로 부채정책이나 배당정책과 같은 실질적인 재무변수를 선택할 것이라는 사실을 암시한다.

Leland and Pyle(1977)에 의하면 기업가들이 외부자들보다 투자안의 기대가치에 대하여 더 나은 정보를 갖는다고 하였다. 많은 부의 비율을 성공적 투자안에 투자하는 것이 내부 소유자에게 유리하기 때문에 기업가가 소유하고 있는 내부 정보는 결국 자본공급자들에게 이전될 수 있을 것이며, 그런 까닭에 투자안에 투자하고자 하는 내부소유자의 의지가 투자안의 질에 대한 하나의 신호로 작용하여, 기업가치는 기업가가 소유하고 있는 주식 소유 비율에 따라 증가한다고 하였다. 그들은 기업내부자가 주식의 대부분을 보유하기로 결정한다면, 이들 기업의 P/E 배수가 보다 큰 값을 가질 것이라는 것이 바로 이러한 신호표시 이론의 실증적 암시라 하였으며, 또한 기업가치가 소유주의 부의 소유자비율과 정(+)의 상관관계에 있다면, 그 기업은 보다 많은 부채수용능력을 갖는다고 주장하였다.

Myers and majluf(1984)는 투자결정과 자본조달 결정을 통합한 신호가설이론을 제시하였다. 유능한 경영자는 그 기업의 진정한 미래가치와 채택할 투자안의 진정한 미래가치를 알고 있으며, 경영자들이 기존주주들의 이익을 위하여 행동하고, 기존주주들은 경영자의 투자결정을 원래의 상태로 돌려놓기 위하여 그들의 포트폴리오를 적극적으로 수정하지 않는다는 점에서 소극적인 주주들이라는 사실을 가정하였다.16) 이들은 이용 가능한 유동자산을 이용하여 정(+)의 NPV를 갖는 투자안에 투자한다면, 신규 보통주를 발행하지 않으며, 그에 따라 정보의 비대칭성 문제도 해결되기 때문에 모든 정 (+)의 NPV를 갖는 투자안이 채택될 것이라는 사실을 지적하였다.

코스닥기업에서의 내부자 지분율은 창업자 및 그 특수 관계자(특히, 가족과 친인척 등)들의 주식 소유의 비중이 상당히 높은 편인데, 본 연구는 그들의 낙관적인 미래전망에 대한 사적정보가 긍정적인 신호(signaling)로 받아들여 기업가치에 유의한 관련성이 있는지를 알아본다.

---

16) 만일 주주들이 경영자의 의사결정을 번복시키기 위하여 그들이 소유하고 있는 포트폴이오를 체계적으로 변경시킨다면, 경영자의 재무의사 결정은 무관하게 될 것이다.

# 제3장 가설설정

  인터넷의 속도는 새로운 기업모형을 창출하게 되었고, 고도 기술 관련 인적자본에 근거한 신경제적 신뢰성은 고도로 성장하는 신생기업의 가치관련 정보를 분석하는 것을 재검토하게 되었다.

  본 연구에서는 위에서 검토한 선행연구를 바탕으로 코스닥시장에 등록된 기업을 대상으로 하여 재무정보 및 비재무정보와 기업가치 간의 가치 관련성을 검증한다.

  검증방법은 선형모형과 비선형모형을 비교하여 어떤 모형이 더 적합한지를 평가한다.

## 제1절 코스닥기업의 가치평가

### 1.1 코스닥시장의 설립배경 및 현황

  증권거래소를 통하여 거래되는 상장기업은 상장요건 및 공시요건이 엄격하여 유망 중소, 벤처기업 등의 주식을 유통시키기에는 어려움이 있다. 따라서 유망 중소기업이나 벤처기업들의 비상장주식을 유통시켜 이들 기업에게 장기자금조달을 가능케 하는 새로운 조직화된 시장이 필요하게 되었다. 이러한 필요에 따라 각 국가마다 비상장기업들의 증권시장 참여를 활성화시키는 제도를 마련하게 되었는데 미국의 경우는 나스닥(NASDAQ)[17]시장을, 일본의 경우는

---

17) NASDAQ: 각국의 특별시장 모델이 되고 있는 나스닥은 미국뿐만 아니라 전세계 벤처기업의 활동기반이 되는 장외주식시장, 나스닥이 인기를 끄는 것은 회사설립 초기 적자를 기록하는 기업에도 문호를 개방

자스닥(JASDAQ)시장을 들 수 있다. 우리나라의 코스닥(KOSDAQ)[18] 증권시장은 미국의 나스닥(NASDAQ)을 벤치마킹하여 1996년 7월 1일 개설되었으며, 한국증권업협회에 등록된 주식이 거래되는 제2의 증권시장으로서, 현재 일반기업과 벤처기업[19]으로 구분하여 거래하고 있다. 또한 고부가가치 산업인 지식기반 중소, 벤처기업에는 장기, 안정적인 자금을 공급하고, 투자자에게는 고위험, 고수익의 투자기회를 제공하는 자금조달시장 및 투자시장으로서 독립적인 역할을 수행하게 되었다. 코스닥증권시장은 출범부터 컴퓨터에 의한 자동매매체결 시스템을 갖추고 경쟁매매 방식에 의해 운영되며 기존의 증권거래소에 비해 덜 규제되고, 비교적 진입과 퇴출이 자유롭다. 코스닥 시장의 활성화 방안을 마련하기 위해 1999년 5월 정부는 코스닥 시장의 등록요건을 완화하여 대형 통신사 등 매력적인 기업들이 쉽게 등록 될 수 있게 하고, 코스닥에 등록한 중소 벤처 법인에 대하여 세제상의 혜택을 주어 우량기업들이 많이 등록하도록 여건을 개선하였다. 이러한 정부의 정책적 지원과 더불어 전세계적인 벤처투자 열기, 국내의 경제회복과 저금리 하에서 고수익을 추구하려는 투자자의 욕구와 맞물려 급속한 성장을 이루게 되었다.

---

하고 있어 기업들이 쉽게 참여할 수 있기 때문이다.

18) KOSDAQ(Korea Securities Dealers Automated Quotation): 상장기업들의 주식이나 채권을 불특정 다수의 사람들이 사고 팔 수 있는 증권거래소와는 달리, 매매를 위한 건물이나 플로어 등이 없이 컴퓨터와 통신망을 이용해 장외거래 주식을 매매하는 전자거래 시스템.

19) 벤처기업이란 새로운 분야에 진출한 기업, 고도의 전문지식과 기술 노하우를 가지고 창조적 모험적 경영을 하는 중소기업을 말하며, 일명 모험기업이라고도 한다. 다음과 같은 요건 중 하나를 갖추어야 벤처기업으로 분류된다. 첫째, 자본금의 20% 이상을 창업투자회사, 창업투자조합, 신기술금융사업자, 신기술사업투자조합 등에서 투자한 경우. 둘째, 총매출액에 대한 연구개발 비율이 5% 이상인 업체. 셋째, 특허권, 실용신안권, 의장권을 사업화하거나 특허등록 출원, 의장등록 출원중인 기술로서 특허청장이 인정하는 기술을 사업화한 기업. 넷째, 벤처기업 활성화 위원회의 심의와 의결을 거친 사업을 영위하는 기업 등이다.

 개장 초창기인 1996년 말 코스닥시장의 거래대금은 5,349억원이었으며 거래량은 증권거래소 거래량의 0.5%에 불과했다. 그러나 코스닥시장의 규모는 IMF위기 이후 정부의 중소기업 및 벤처기업 육성정책과 더불어 2002년 4월 현재 코스닥시장의 시가총액이 증권거래소 시가총액의 17.76%인 58조원을 돌파했으며, 코스닥시장의 거래대금에 있어서도 증권거래소의 44.91% 이르렀다. 등록종목은 1998년 말 331개이던 것이 계속 종목수가 늘어 2002년 4월 현재 등록 기업수가 799개로 거래소를 능가한다.[20] 코스닥 종합지수는 1997년 초 119.51로 출발하여 2000년 2월에는 264.48을 기록하여 2배 이상 상승하였지만, 그 이후 경기불안으로 인하여 계속 등락을 거듭하다가 2002년 4월 현재 73.34로 떨어져 있는 현황이고, 특히 벤처지수는 171.23에서 608.18로 증가하여 4배 가까이 상승하였다가, 최근에는 코스닥 시장의 버블논쟁으로 2002년 현재 124.67까지 떨어져 상당한 침체 국면에 들었으나 아직도 코스닥 시장은 초기에 비해 비약적인 발전을 한 것이 사실이다. 이처럼 코스닥시장의 규모가 기하급수적으로 증가하였으며 증권거래소에 비해서도 증권의 유통시장으로서의 중요성이 나날이 높아지는 반면 그 역사가 짧기 때문에 증권거래소와 비교하여 많은 문제점들이 제기되어 왔다.

 코스닥시장에 대하여 구체적으로 지적된 문제점으로는 코스닥기업과 관련된 정보가 증권거래소 상장기업에 비해 제대로 확립되어 있지 않다는 것이다. 이러한 이유에서 코스닥기업의 주가가 내재가치와 무관하게 형성되는 사례가 빈번하게 나타났으며 기형적인 주식시장이 형성되었다.

 어떠한 형태의 주식시장이 되었건 가치평가 중심의 주식시장이 형성되지 않고 투기적인 시장이 형성되었다는 점에서는 코스닥증권시장이 바람직하지 않은 방향으로 움직였다는 것은 사실이다. 이처

---

20) 코스닥위원회, 2002, 코스닥시장 주요통계, 자료실

럼 코스닥주식이 투기적인 시장으로 형성된 이유는 크게 두 가지로 나누어 생각할 수 있다.[21] 첫째, 기관투자가 및 외국인투자자가 코스닥시장에 관심을 가지고 본격적으로 투자하기 시작한 것은 오래된 일이 아니며 코스닥시장에서의 기관투자가의 비율이 거래소 시장에 비해서 낮았다. 일반투자자와 비교하여 기관투자가의 일반적인 특징은 내재가치 중심의 투자의사결정을 수행한다는 데 있다. 이와 같이 내재가치 중심의 투자의사결정을 수행하는 투자자의 비율이 높을수록 이들에 의해서 장세가 움직이기 때문에 이들 시장의 안정성이 확보될 수 있다고 할 수 있다. 반면에 거래소의 경우 외국인 투자자들의 영향이 너무 크기 때문에 이들에 의해서 장세가 움직이는 단점은 있어도 이들을 포함한 많은 기관투자가들은 내재가치에 근거한 투자 의사결정을 수행하기 때문에 주식시장이 안정될 수 있다.

둘째, 거래소 상장기업에 비해 상대적으로 코스닥기업에 대한 정보가 부재하다는 점이다. 증권거래소 상장기업에 대해서는 재무제표 이외에 여러 정보가 언론매체를 통하여 투자자에게 빈번히 전달된다. 이러한 여러 대안적인 언론 매체로는 방송, 일간신문, 경제신문이 포함된다. 또한 거래소 상장기업에 대해서는 재무 분석가들의 예측치 및 기업 분석 자료가 이용 가능하나 코스닥기업에 대해서는 기업이 발표하는 재무제표 이외에 대체적인 정보가 별로 없었다. 코스닥기업에 대한 평가나 분석이 이루어진 것도 최근의 현상이며 일반적으로 코스닥기업은 규모가 작아 증권사들의 관심도도 낮았으며 분석 및 예측능력을 가지고 코스닥기업을 분석하는 재무 분석가들이 거의 없었다.

이처럼 거래소 상장기업에 비해 코스닥기업에 대한 대체적인 정보가 희소하므로 코스닥시장의 일반투자자들은 재무제표를 통해 공

---

21) 김창수, 2000, 코스닥시장의 효율성에 관한 연구, 한국증권학회, 제3차 심포지엄에서 재인용

시되는 재무정보에 많이 의존하게 되며 기업이 공시하는 재무정보는 코스닥시장에서 보다 중요한 정보가치를 갖게 된다. 지금까지 우리나라에서 수행된 연구는 모두 증권거래소 상장기업을 대상으로 하고 있으며 코스닥시장에 대한 연구는 시작에 불과하다.

## 1.2 코스닥기업의 가치평가의 필요성

현행 기업회계기준에 의한 보수주의 회계처리는 기업의 시장가치와 장부가액의 차이인 미기록 무형자산으로 나타난다. Ohlson(1995) 모형에 의하면 시장가치와 장부가액의 일시적 차이는 미래 초과이익이 존재하기 때문이며, 이것은 점차 기업 간 경쟁을 통하여 소멸되므로 불편회계가 된다고 하였다. 그리고 실제로 관찰되지 않는 경제적 이익 등에 의존하지 않고, 두 주요 회계변수인 회계이익과 순자산 가치를 사용한다는 점을 큰 장점으로 들고 있다. 그러나 무형자산 투자의 비용 처리 등과 같이 보수적 회계방법이 사용되면 순자산 장부가액이 과소 계상되므로 초과이익이 과대 계상될 것이고 이로 인해 미래 초과이익이 지속적으로 존재할 경우에 시장가치와 순자산 장부가액의 차이는 장기간 계속될 것이다.

따라서 벤처기업과 같은 지적자산에 대한 투자지출액이 많고 급성장하는 기업의 경우는 선형보다는 비선형모형에 의한 방법이 기업가치 관련성을 더 잘 설명해 줄 것이다.

본 연구는 투자자들의 의사결정에 미치는 재무정보와 재무제표로는 인식되지 않는 비재무정보가 기업가치평가에 유의한 관련성이 있는지를 선형모형과 비선형모형을 이용하여 비교 분석한다. 구체적으로 (1) 기본적인 재무정보인 순자산 장부가액 및 순이익 변수가 기업가치평가에 유의한 영향을 미치는지 (2) 이익구성요소로 세분한 확장모형은 이익정보에 비하여 추가적인 기업가치 관련성을 갖고 있는지 (3) 재무정보에 추가해서 비재무정보를 포함시켰을 때

기업가치 설명력이 증가하는지에 대하여 검증한다. 이에 대한 자료는 공시된 재무정보 이외에 대체적인 정보가 거의 부재한 상태여서, 코스닥기업에서는 표본기간의 재무정보가 상대적으로 보다 중요한 정보의 원천일 것으로 기대된다.

## 1.3 연구개발비와 관련된 재무정보의 가치 관련성에 대한 선행연구

Amir and Lev(1996)는 기술기반의 고속성장 산업분야에서 재무정보는 투자자에게 제한된 가치만을 가져다준다고 하였다. 즉 통신산업, 생명공학, 소프트웨어 산업 등의 성장기업에는 연구개발비, 고객창출비용, 프랜차이즈, 상표개발과 같은 무형자산에 과대하게 자본을 투자하지만, 이러한 비용들이 자산화되지 못하고 즉시 비용처리되거나 임의적인 상각처리를 하기 때문에 이익이나 순자산 장부가액과 같은 주요 재무변수들은 음수(−)로 나타나게 되어 실제의 시장가치와 무관하게 나타날 수 있다고 주장하였다. 따라서 이들은 비재무정보의 산업특성을 고려하여 휴대통신회사(cellular company)의 재무정보와 비재무정보에 대한 투자자들의 가치 관련성(value-relevance)을 검증하였는데, 재무정보(순이익, 순자산 장부가액, 현금흐름 등)가 기업가치를 평가하는데 크게 관련이 없음을 보여주었다. 그러나 비재무정보 즉, 성장잠재력에 대한 대용변수(POPS)나 영업성과의 측정치인 시장침투력(market penetration) 등이 가치평가와 높은 관련성이 있음을 보여주고 있어 비재무정보와 재무정보를 상호보환적으로 분석하면 주가에 대한 설명력을 높일 수 있다고 강조하였다.

구체적으로 재무정보의 가치 관련성을 검증하기 위해 보고된 재무변수들을 결합하여 독립변수로 하고 주가와 주식수익률을 종속변수로 하는 회귀분석을 하였는데, 그 결과는 대규모 투자된 비용이

자본화되지 못하고 비용 처리됨으로써 이익과 현금흐름에 부정적 영향을 주고 있으며, 따라서 재무정보는 시장가치를 올바르게 나타내지 못하고 있어 기업가치평가에 부적절한 관련성을 보였다.

현행 회계의 측정과 보고시스템은 무선통신 산업과 같은 기술 집약 산업에서는 가치 관련성 있는 정보를 충분히 제공하지 못한다고 설명하였는데, 그 이유를 무형자산에 대한 투자지출액이 판매관리비에 비용 처리되므로 이익과 순자산 장부가액은 유용성이 없거나 감소되기 때문이라고 하였다.

재무정보와 비재무정보를 선형적으로 결합하여 분석한 결과, 독립적으로 분석된 재무정보는 가치 관련성이 적었으나 비재무정보를 포함한 가치평가모형에서는 주가와 유의한 가치 관련성을 보였다.

이들의 결론은 현재의 재무보고가 휴대통신 기업들에게는 부적합하다고 설명하고, 기업가치에 크게 영향을 미치는 투자비용을 자본화시키지 않고 비용화 시킴으로서 이익과 자산가치가 왜곡된다는 것이었다.

Barron et al. (2002)은 기업의 자산성에 대하여 분석가 정보의 특성을 분석하였다. 실증적 분석은 기업의 미기록된 무형자산과 기록된 무형자산을 포함하는 정도와 분석가의 개인적 예측치 간의 관계를 조사하였는데, 구체적으로 기업의 무형자산과 분석가의 이익 예측치에 포함된 정보의 특성 간의 관련성을 분석하였다.

연구결과는 분석가의 예측치를 사용함으로서, 무형자산에 많이 투자한 기업과 분석가 예측치 간에 일치성 정도가 낮다는 증거를 발견하였는데, 일치성은 이익예측오차에서 횡적 상관성을 통하여 측정되었다. 또한 순이익이 예측치와는 다르게 되는 경향이 있고, 개인적인 예측오차가 무형자산에 적게 투자한 기업(low-intangible firm)보다는 무형자산에 많이 투자한 기업(high-intangible firm)에서 더 크게 나타낸다는 것을 발견하였다. 이 연구는 분석가들이 그들의 예측치에 사적정보 비율을 좀 더 높게 부과함으로서 이러한 문제점을 완화시키기를 제안하였고, 또한 무형자산에 거대 투자한 기업에 대하여는 분석가의 개별 예측치보다 평균 예측치가 상대적인 우수성(정확성 면에서)이 반영된다고 하였다.

비교적 많이 지출되고 있는 R&D 투자액이 회계적 보수주의로 인하여 전액 비용화함에 따라, 특히 빠르게 변화하는 첨단산업의 환경 속에서 경영활동을 하는 기업은 순이익이 감소되는 경향이 있다고 보고, 무형자산이 많은 기업의 미래이익에 대하여 현재이익이 감소할 가능성은 재무 분석가가 그 기업에 대한 회계수치를 긍정적으로 예상하는 역할을 함으로써 문제를 완화시키는 역할을 할 것이라고 하였다.

김원태(2001)는 우리나라 코스닥시장에 상장된 12월 결산 기업을 대상으로 특별항목 차감 전 이익(CNI)과 이익가산 전 자기자본 장부가치(PIBV) 및 연구개발비 그리고 광고 선전비가 기업가치에 미치는 영향을 Log-Linear 회귀모형을 이용하여 분석하였다.

1998년부터 1999년까지 2년에 걸쳐 전체 표본수를 479개로 하였으며, 실증 분석의 결과는 다음과 같다.

첫째, 이익가산 전 자기자본 장부가치(PIBV)와 특별항목 차감 전 이익(CNI)이 기업가치에 미치는 영향에 대해서는 CNI가 양(+)인 경우에는 PIBV 및 CNI가 유의한 양(+)의 설명력을 갖는 것으로 나타났다. 그러나 CNI가 음(−)인 경우에는 PIBV가 유의한 양(+)의 설명력을 가지나, CNI는 기업가치에 대한 설명력이 없었다.

둘째, 연구개발비 지출액과 광고 선전비는 CNI가 양(+)인 경우에는 기업가치에 유의한 양(+)의 설명력을 가짐을 보여주어, 이 두 변수가 자산성이 있음을 보여주고 있다. CNI가 음(−)인 경우에는 연구개발비와 광고 선전비가 전체기업에서만 기업가치에 유의한 양(+)의 설명력을 가지는 것으로 나타났고, 일반기업과 벤처기업에서는 계수값은 양(+)을 가지나 기업가치에 대한 설명력이 없는 것으로 나타났다.

셋째, CNI가 양(+)인 경우에는 자산으로 처리되는 개발비와 비용으로 처리되는 연구개발비 모두가 기업가치에 유의한 양(+)의 영향을 미치는 것으로 나타났다.

CNI가 음(−)인 경우에는 비용으로 처리되는 연구개발비에서만 기업가치에 유의적인 설명력을 가지는 것으로 나타났다.

위의 선행연구를 근거로 하여 본 연구는 코스닥기업에 대한 가치평가에 대하여 선형모형과 비선형모형을 비교 분석하며, 어떤 모형이 성장기업에 더 적합한지를 평가한다. 또한 재무정보에 추가적으로 비재무정보를 기타 정보(other information)로 포함시켜 기업가치에 추가적인 설명력을 갖는지를 실증 분석한다.

# 제2절 Linear 모형과 Log-Linear 모형의 가치 관련성 비교

코스닥에 등록되어 있는 기업들은 벤처기업을 중심으로 한 신생들이고, 창의력과 기술개발로 미래의 높은 성장력을 추구하는 벤처기업은 기업 고유의 특성으로 인해 미기록 무형자산의 가치가 지속될 것이며, 이 같은 관계를 적절하게 고려한 기업가치평가모형이 요구된다. 따라서 본 연구는 코스닥기업의 재무자료와 비재무자료에 대한 가치 관련성의 증거를 Log-Linear 모형의 회귀분석을 통하여 검증하며, 이를 Linear 모형과 비교하여 어떤 방법이 적합한지를 평가한다. 연구개발비 및 광고 선전비와 관련된 선행연구를 보면 연구개발비가 기업가치와 양(+)의 상관관계가 있는 것으로 나타났고, 광고 선전비의 경우는 대체적으로 기업가치와 음(−)의 상관관계가 있는 것으로 되어 있는데, 본 연구에서는 성장기업으로 불확실성을 내포하고 있는 코스닥기업이 미래 기업가치를 창출할 목적으로 현재의 연구개발 및 마케팅활동에 막대한 투자를 할 것이라 예상하고, 이를 중심으로 검증한다.

본 연구에서 연구개발비란 경상 연구개발비와 비경상 연구개발비를 합한 개념이다. 우리나라의 경우 기업회계기준이 1998년에 개정되기 전까지는 연구개발비 중 특정의 요건에 해당할 경우에만 연구개발비로 하여 이연자산으로 계상한 뒤 5년에 걸쳐 상각하고, 그 외의 지출액은 경상연구개발비의 과목으로 하여 당기 비용화 하도록 규정하였다. 그러나 개정된 기업회계기준은 연구개발비를 연구비와 개발비로 구분하여 회계처리 하도록 규정하고 있다. 연구개발비의 중요성이 증대되고 있음에도 회계처리 규정의 모호성, 연구개발성과의 불확실성, 연구개발 평가의 자의성으로 인하여 분석에 적용하는 것이 쉽지 않다. 실제로 연구개발에 많이 투자한 기업은 손실액이 발생하더라도 경영활동이 부진해서가 아니라 거대한 투자지출로 인하여 생긴 손실액이므로 시장은 이를 반영하여 기업가치에 긍정적인 영향을 미칠 것이다. 선행연구들에 의하면 순자산 장부가액과 이익이 기업가치에 유의한 영향을 미치고 있음을 이미 실증적으로 보여주었다.

본 논문은 재무정보와 비재무정보에 근거한 가치평가모형을 비선형모형을 중심으로 실증 분석하며, 인터넷 및 정보기술(IT) 관련 기업에서는 비선형(실증적으로는 Log-Linear) 모형이 Linear 모형보다 더 적합할 것이라 예측하고 다음과 같이 가설을 세웠다.

**연구가설 1:** 코스닥기업의 가치평가는 Linear 모형보다는 Log-Linear 모형에 의한 회귀분석모형이 더 적합하다.

인터넷 및 첨단기술 관련의 인적자본에 근거한 기업가치 관련성을 계산하는 데는 일반적으로 널리 알려진 선형모형보다 인터넷 기업가치와 기본적인 경제실체 간의 연계관계에 적합한 비선형모형에 의한 측정방법이 요구된다. 즉 가격의 변화가 크고 급성장하는 첨단기술 산업에서 전통적인 재무보고는 적절하지 않다고 본다. 따라서 <연구가설 1>은 코스닥기업의 재무정보와 비재무정보에 대한 기업가치의 횡단성 분산을 설명하는 데 있어서, 이를 적절히 평가하는 방법에는 Ohlson의 Linear 모형보다 Log-Linear 모형이 더 적합하다고 보고 이를 검증하기 위한 것이다.

기업의 시장가치를 설명하는데 기본적인 재무정보 이외에 비재무정보에 근거한 것이 코스닥기업의 시장가치를 잘 나타낸다고 예측한다. 즉 코스닥시장에서의 순자산 장부가액과 이익에 대한 재무정보는 기업가치에 유의한 영향을 미칠 것으로 예상하고, 이러한 가치평가 방법은 비선형모형이 더 적합할 것이다. 여기에 추가해서 비재무정보를 기타정보로서 추가시킨다면 기업가치 설명력은 더 증가할 것이다. 기업가치평가와 관련하여 순자산 장부가액은 이익가산 전 장부가액(PIBV)과 특별항목 차감 전 순이익(CNI)으로 정의한다.

# 제3절 이익구성요소의 가치 관련성

## 3.1 매출수익, 매출원가, 판매비와 관리비 정보의 가치 관련성

초기의 막대한 투자로 인해 현재 이익을 실현시키지 못하는 신생기업의 경우는 수익(revenue)이 새로운 주가를 도출하는데 자주 사용되기도 한다. 기업가치를 비교하는데 하나의 방법인 주가매출액비율(price sales ratio, PSR)은 이익(profit)보다는 수익(revenue)이 성장하는 코스닥기업에 더 중요한 투자자의 신뢰가 반영된다고 보고 평가되는 지표이다.

과거의 코스닥기업들은 수익을 많이 얻고도 이익이 아닌 손실액을 보고한 기업이 많은데, 매출수익이 코스닥기업의 주가를 올리는 주요 원천이 된다면, 수익이 기업가치와 양(＋)의 상관관계에 있는 것뿐만 아니라 횡단성 변화를 설명하는데 어떤 다른 변수와도 관련이 있을 것이다. 또한 이익구성항목을 세분하여 수정할 경우에 수정전의 이익정보에 비하여 기업가치 설명력이 높을 것으로 예상하고 다음과 같이 가설을 세웠다.

> 연구가설 2-1: 코스닥기업에서 매출수익, 매출원가 그리고 판매비와 관리비 등으로 세분된 정보는 이익정보보다 기업가치 설명력이 높다.

## 3.2 연구개발비 및 광고비 정보의 가치 관련성

미래 불확실성이 매우 높고 고수익, 고성장을 추구하는 신기술 중심의 코스닥 벤처기업은 인터넷, 정보기술 업종이 대다수이므로 연구개발 투자가 활발할 것이다. 기업은 연구개발에 막대한 투자를 함으로써 미래의 현금흐름 및 이익을 증가시키기 위해 노력할 것이고, 이는 결국 기업가치를 증가시킬 것이라는 예측을 한다.

연구개발비는 개발비와 연구비 및 경상개발비로 분류한다. 현행기업회계기준[22])에 의하면 기업의 연구 활동과 관련된 비용은 미래에 예상되는 경제적 효익이 불확실하여 기간비용으로 처리하고, 개발활동과 관련된 비용은 특정요건을 충족할 경우에는 개발비의 과목으로 하여 무형자산으로 분류하며, 이외의 경우에는 기간비용으로 처리하도록 하고 있는데, 본 연구는 이에 따라 연구개발과 관련된 투

---

22) 기업회계기준 해석 44-20, 연구개발비에 관한 해석.

자지출액을 분리하여 기업가치에 미치는 영향을 각각 검증한다.

선행연구에서의 광고 선전비는 대체적으로 기업가치와 음(−)의 상관관계가 있는 것으로 되어 있는데, 본 연구는 광고 선전비 지출액이 당기 및 미래의 기업가치에 유의한 영향을 미칠 것으로 예상하고 이를 검증한다. 코스닥기업의 경우 손실액이 발생하더라도 경영활동이 미흡해서가 아니고 전략적 지출을 반영한 것이기 때문에 기업가치가 줄어들지 않고 더 증가할 것이다. 특히 코스닥기업의 경영활동은 시장에 더 빠르게 침투하기 위하여 무형자산에 막대한 투자를 하게 될 것이다. 따라서 연구개발비와 광고비 등의 무형의 지출액이 과연 기업가치에 추가적인 관련성이 있는지를 알아보기 위해 다음과 같은 가설을 세웠다.

**연구가설 2-2:** 코스닥기업에서 연구개발비와 광고비 정보는 추가적으로 기업가치를 설명한다.

# 제4절 비재무정보의 가치 관련성

우리나라의 코스닥시장은 인터넷 및 정보기술 관련의 닷컴기업과 벤처기업 중심으로 구성되어 있으며, 이와 관련된 기업가치는 전통기업에 비해 빠른 속도로 커지고 있다. 이러한 가격변화가 크고, 급성장하는 기업의 경우에는 재무정보만으로는 기업가치를 충분히 설명하지 못하고 있다. 일반적으로 코스닥기업의 시장가치는 장부가액에 비해 고평가되어 있는데, 그 이유는 벤처기업 특성으로 인한 무형자산의 투자비용 처리가 보수적 회계처리방법으로 인하여 순자산 장부가액이 과소 계상되기 때문이고, 이러한 차이는 인식되지 못한 비재무정보 등에 의해서도 설명될 수 있을 것이다.

전통적인 선형모형은 안정적인 기업에서는 적합하지만, 인터넷과 같은 지식기반의 성장기업에서는 비선형모형이 기업가치를 더 잘 설명할 것이라고 예측한다. 따라서 본 연구는 장부가액과 순이익의 기업가치 관련성을 실증 분석하는데 비선형모형이 선형모형보다 더 적합한지를 비교 분석한다. 여기에다 기타정보로서의 비재무정보를 추가시킴으로서 기업가치에 추가적인 설명력을 갖는지를 실증 분석한다.

위에서 언급한 바와 같이 비재무정보로 선택된 변수들이 기업가치에 추가적인 설명력을 갖는지에 대하여 파악하고자 다음과 같은 연구가설을 세웠다.

**연구가설 3:** 코스닥기업에서의 사업다각화 정도, 시장점유율, 보상형 스톡옵션 부여율, 경영자의 보수, 내부자 지분율 등과 같은 비재무정보는 추가적인 기업가치 설명력을 갖는다.

# 제4장 연구방법론

최근 인터넷 및 IT(정보기술)산업과 같은 최첨단 업종이 생겨나면서 전통적인 재무보고가 급변하는 경제 환경에 알맞게 기업의 가치를 제대로 반영하지 못하고 있는 실정이다. 특히 제조업 중심의 자본집약적 산업에서 신종기술 산업들로 급속히 확산되면서 현행 재무제표로는 나타낼 수 없는 무형자산(지적자본) 등으로 인하여 재무정보가 과소평가되어 기업가치 관련성이 낮게 반영될 수 있다. 더욱이 경제 환경의 변화로 말미암아 재무정보의 기업가치 설명력이 점차 하락하고 있다는 실증적 연구가 계속 발표되면서 정보의 유용성 문제는 더욱 심화되고 있다.

무형자산은 기업의 미래이익과 직결되며, 향후 지속적인 가치창출의 증가요인으로 전망되므로, 이를 반영한 새로운 기업가치평가 방법이 개발되어야 할 것이다. 특히 우리나라의 코스닥기업은 IT산업 혹은 인터넷 관련 산업 등 대부분이 창의력과 기술개발을 추구하는 성장산업으로 구성되어 있어서 기업가치평가에 대한 재무정보의 유용성을 재검토해야 할 필요성이 제기된다.

본 연구에서 설정한 검증모형은 Ye and Finn(1999)의 모형에 근거하여 기업가치를 평가한 Hand(2000)의 Log-Linear 회귀분석모형을 사용하여 실증 분석하고 이를 Ohlson의 Linear 모형과 비교 평가한다.

# 제1절 기본적 Linear 실증모형과
# Log-Linear 실증모형

Ye and Finn의 모형은 Ohlson의 선형정보모형에 대조하여 비선형모형(nonlinear accounting-based valuation models)에 초점을 두고 분석한 것이다.

Ohlson(1995) 모형에서는 장부가액(book value)과 회계이익 측정을 기초로 하여 기업가치평가 시 재무정보의 역할에 대해서 분석하였는데, 이것은 안정적 기업에서의 재무정보와 기업가치에 대한 연구에 가치측정 체계로서의 타당성과 그 유용성에 대한 직접적인 증거를 주는 틀을 제공한다.

그러나 이러한 선형관계는 성장과 수익성 증가에 따른 투자 지출 확대에 관한 문제를 고려치 못하였다. 따라서 기업특성에 따른 성장과 투자지출 문제를 적절히 고려한 가치평가모형이 적용되어야 하겠다.

본 연구는 자본시장이 효율적이라면 주식시장은 각 기업의 미기록 무형자산의 크기로 주가를 반영한다고 보고, 무형자산의 비중이 특히 높은 코스닥기업에서 순자산 장부가액과 순이익 외에 미기록된 무형자산 요소를 적절하게 평가하는 방법으로 Log-Linear 모형을 사용하여 검증한다.

따라서 위에서 설명한 Ohlson의 Linear 모형과 Ye and Finn의 Log-Linear 실증모형을 설명하면 다음과 같다.

## 1.1 기본적 Linear 실증모형

Ohlson(1995)의 선형 정보성(linear information dynamics)은 기업의 장부가액과 시장가치가 다른 것은 기업마다 초과이익이 존재하기 때문이며, 초과이익의 평균은 장기에 걸쳐 0에 수렴하므로, 기업의 순자산 장부가액이 시장의 불편추정치라는 기본적 사고를 가지고 회계수치를 기업가치에 직접 연결시키는 가격결정모형을 제시하고 있다.

Ohlson은 기업의 가치를 장부가액, 회계이익, 배당금 간의 관계로 분석하고, 미래배당흐름이 기업가치를 결정함에 있어서 장부가액, 이익, 배당 간의 연계관계(CSR)의 가정을 도입하였다.

따라서 기업의 가치는 순자산 장부가액과 미래 초과이익의 현재가치의 합으로 결정된다고 정의하였다.

초과이익($x^a_{t+1}$)은 전기의 초과이익과 비재무정보의 선형관계로 설명되는 시계열 확률변수의 특성을 갖는다고 가정하고 이를 AEM에 대입하여 정리하면 다음과 같이 선형의 기업가치평가 모형이 산출된다.

$$P_t = b_t + a_1 x^a_t + a_2 \nu_t \qquad \cdots\cdots (4\text{-}1)$$

여기서, $a_1 = \omega/(1+r-\omega)$
$\qquad a_2 = (1+r)/[(1+r-\omega)(1+r-\gamma)]$

여기에서 기타정보 $\nu_t$를 무시하면, 기업가치는 장부가액모형(book value model)과 순이익모형(earnings model)으로 가중된 평균이며, $\omega$의 크기가 핵심적인 역할을 한다.

그러므로 초과이익모형은 다음과 같이 단순화된다.

$$P_t = b_t + \frac{\omega}{1+r-\omega}(x^a_t) \qquad \cdots\cdots (4\text{-}2)$$

위에서 나타낸 바와 같이 Ohlson 모형은 초과이익의 시계열행태에 대해 자기회귀과정을 가정함으로써 AEM을 단순화한 것이다.

본 연구는 위에서 검토한 Ohlson(1995) 모형을 이용하여 실증모형으로 다음과 같이 설정하였다. 또한 전반적인 경제 환경의 변화에 따른 종속변수의 연도별 차이의 횡적상관성(cross-sectional dependence)을 통제하기 위해 연도별 더미변수를 포함시켜 분석하였다.

기본 Linear 실증모형:

$$MV_{i,t} = \alpha_0 + \alpha_1\, PIBV_{i,t} + \alpha_2\, CNI_{i,t} + \alpha_3\, NgCNI_{i,t}$$
$$+ \sum_{k=1998}^{2001} \beta_k\, DY_{k,t} + \varepsilon_{i,t} \qquad \cdots\cdots \text{식 (4-3)}$$

여기서 $MV_{i,t}$ : t기말 3개월 이후 i기업의 보통주 시가총액

$\quad\quad PIBV_{i,t}$ : t기말 i기업의 이익가산 전 순자산 장부가액

$\quad\quad\quad\quad = $ 순자산 장부가액($BV_{i,t}$) $-$당기순이익($NI_{i,t}$)

$\quad\quad CNI_{i,t}$ : t기말 i기업의 특별손익 차감 전 순이익($CNI_{i,t} \geq 0$)

$\quad\quad\quad\quad =$당기순이익($NI_{i,t}$)$-$특별손익($SPEC_{i,t}$)

$\quad\quad NgCNI_{i,t}$ : t기말 i기업의 특별손익 차감 전 순손실($CNI_{i,t} < 0$)

## 1.2 기본적 Log-Linear 실증모형

기업가치는 순자산 장부가액과 현재 및 미래 순이익의 선형함수라는 재무정보에 근거한 기업가치평가모형의 이론적 개발과 실증 분석에 초점을 두었다. 이전의 선형접근법들과 대조해서 이 연구에서는 Ye and Finn의 비선형 재무정보에 근거한 가치평가모형에 실증 분석의 중점을 두고 있으며, 인터넷기업과 관련해서 이론과 실증적으로 그것의 잠재적인 장점과 한계점을 논한다.

Ye and Finn(1999)은 기업가치의 Log-Linear 모형을 표준화 된 (normalized) 초과이익(즉, ROE)이 AR(1)과정을 따른다는 가정이 비

표준화 된(unnormalized) 초과이익이 AR(1)과정을 따른다는 Ohlson (1995)의 가정에 우선할 것이라고 제안함으로서 유도하고 있다.

그들은 만약 ln(1＋ROE)가 AR(1)과정을 따르고 순배당이 0이라면 식 (4-3)과 같이 시장가치(MV)는 장부가액(BV)과 (1＋ROE)의 증가함수(multiplicative function) 또는 지수규모(log-scale)에서 선형관계로 나타낸다고 설명하였다.

$$MV_t = a\ BV_t\ (1+ ROE_t)^{\beta}\ e_t^{\varepsilon} \qquad \cdots\cdots\ (4\text{-}4)$$

단, ROE: 자기자본비용과 동일함

위의 식 (4-3)에서 양변에 ln을 취하면 다음과 같다.

$$\ln MV_t = \ln a + \ln BV_t + \beta \ln(1+ROE_t) + \varepsilon_t \quad \cdots\cdots\ (4\text{-}5)$$

Ye and Finn모형의 유용성은 순자산 장부가액($BV_t$)과 $ROE_t$로 계산된 기본적인 경제적 이익(fundamentals)과 기업가치와의 관계에서 비선형성을 간략하게 계산할 수 있다는 것이다. 따라서 식 (4-4)에서 $MV_t$ 와 $(1+ROE_t)$의 관계는 $0<\beta<1$이면 오목하고, $\beta=1$이면 선형, $\beta>1$이면 볼록할 것이다.

회계정보에 대한 비선형성(non-linearities)을 취하는 것은 인터넷 기업의 경우에 특히 중요한데, 그 이유는 많은 인터넷 기업을 뒤따르고 있는 모형과 관련되거나 일부 인터넷 기업의 사업전략에서 특성화된 거대 전략적(또는 실제적) 영업옵션과 관련된 규모에 따른 수익률증가(increasing returns-to-scale)로 나타났다고 주장했던 가격결정의 볼록성 때문이다.

Ye and Finn 모형의 한계점은 순배당이 0이라는 제한을 두었다는 것이다.

이것은 인터넷 기업에서 과거 및 현재에 현금배당을 지불하지 않았을 경우에는 아무런 문제가 되지 않지만, 비인터넷(non-net) 기업보다 빈번하게 유상증자를 한다면 이는 Ye and Finn 모형이 인터넷 기업에 대해서 잘못 설정될 가능성이 있다.

이 실증연구에서는 식 (4-5)의 엄밀한 Log-Linear 관계를 세 가지 방법으로 분리한다. 첫째, $MV_t$가 $BV_t$와 $ROE_t$보다는 $BV_t$와 $X_t$의 선형함수라는 전통적인 모형과의 비교를 원활히 하기 위해서, 그리고 지수화 된 변수들이 기본적인 변수가 0 이거나 (−)일 때도 정의 된다는 것을 확실하게 하기 위해 식 (4-4)는 다음과 같이 정리될 수 있다고 가정한다.

$$\ln(MV_t+1) = \ln \alpha^* + \ln(BV_t+1) + \beta^* f\{\ln(X_t+1)\} + \varepsilon^*_t$$

$$\cdots\cdots (4\text{-}6)$$

$$\text{여기서 } f\{\ln(X_t+1)\} = \ln(X_t+1), \qquad \text{if } X_t \geq 0$$
$$f\{\ln(X_t+1)\} = -\ln(-X_t+1), \qquad \text{if } X_t < 0$$

*는 모수와 오차가 식 (4-4)에서 식 (4-5)로 움직일 때 변화할 수 있다는 것을 나타내기 위하여 사용된다. 이 실증 분석에서 순이익이 (+)인가 (−)인가에 따라 $\beta^*$가 다르다는 것을 허용하고 있다.

둘째, 기말 장부가액($BV_t$)은 순자산 장부가액에서 당기순이익을 차감한($BV_t - X_t$) 이익가산 전 순자산 장부가액($PIBV_t$)으로 대체될 수 있다고 가정한다. 즉,

$$\ln(MV_t+1) = \ln a + \pi \ln(PIBV_t+1) + \beta f\{\ln(X_t+1)\} + \varepsilon_t$$

$$\cdots\cdots (4\text{-}7)$$

여기에서 $X_t$는 $PIBV_t$가 아닌 $BV_t$의 일부이므로 $BV_t$를 $PIBV_t$

로 대체하는 것은 $MV_t$에 대한 $X_t$의 증분적 영향(marginal impact)에 더 정확한 추정을 이끌 수 있다. 왜냐하면 $MV_t$에 대한 $X_t$의 증분적 영향은 $\beta$로부터 직접적으로 읽을 수 있기 때문이다

셋째, 순이익 구성요소들의 가격결정 추정을 요하는 검증에서 식 (4-7)은 $X_1$과 $X_2$라는 두 요소로서 수정될 수 있다고 가정한다.

$$\ln(MV_t+1) = \ln \alpha + \pi \ln(PIBV_t+1) + \gamma_1 \mathrm{f}\{\ln(X_{1t}+1)\} + \gamma_2 \mathrm{f}\{\ln(X_{2t}+1)\} + \varepsilon_t \qquad \cdots\cdots \ (4\text{-}8)$$

식 (4-7)과 식 (4-8)은 식 (4-6)을 확장하여 이익구성요소를 수정한 것이며, 이에 관련된 기업의 증분가치를 실증 분석한다.

실증 분석에 사용된 Log-Linear 모형의 유용성은 다음과 같다.

첫째, Log-Linear 회귀분석(regressions)은 특히 대기업과 관련된 재무자료의 비정상적 혹은 과도하게 영향을 미치는 관찰치들의 영향을 감소시키며, 또한 Easton and Sommers(2000)에 의해 제기된 바와 있는 기업규모의 문제를 감소시킬 수 있다.

둘째, Log-Linear 모형에서의 회귀식은 회귀잔차에서 더 큰 동질성(homoscedasticity)을 나타낸다. 이는 인터넷 기업의 시장가치, 순이익, 장부가액 등에서 관찰되는 높은 비대칭도 때문에 인터넷 기업의 가치평가에 적절하다.

소수의 자료가 계수추정치의 크기와 유의성을 도출하는 일반적인 상황을 처리하기 위하여 비지수화 된(non-log) 자료에 OLS(최소자승) 회귀모형을 적용하는 대부분의 연구자들은 먼저 극단치들을 확인한 다음 제거하는 과정을 거친다. 이 같은 과정은 지수화 된 자료에서는 불필요한데, 그 이유는 지수로의 전환은 극단적인 관찰치들의 값을 현저히 낮추기 때문이다.

핵심 순이익(core net income: CNI)은 수익성에서 단기간의 일시적인 부분을 제외시키기 위해 순이익(net income)에서 특별항목

74

(special items)을 차감한 것으로 정의된다.

Ye and Finn의 모형을 이용해서 본 연구에서 실증 분석에 사용한 Log-Linear 모형은 아래와 같다.

기본적 Log-Linear 실증모형:

$$LMV_{i,t} = \alpha_0 + \alpha_1 LPIBV_{i,t} + \alpha_2 LCNI_{i,t} + \alpha_3 LNgCNI_{i,t} + \sum_{k=1998}^{2001} \beta_k DY_{k,t} + \varepsilon_{i,t} \qquad \cdots\cdots \text{식 (4-9)}$$

여기서, $LMV_{i,t}$ : $\ln(MV_{i,t} + 1)$

$LPIBV_{i,t}$ : $\ln(PIBV_{i,t} + 1)$

$LCNI_{i,t}$ : $\ln(CNI_{i,t} + 1)$ : $CNI_{i,t} \geq 0$일 경우

$LNgCNI_{i,t}$ : $-\ln(-CNI_{i,t} + 1)$ : $CNI_{i,t} < 0$일 경우

$DY_{i,t}$ : 연도별 더미변수(관측치가 t년도에 속하면 1, 그렇지 않으면 0, t = 98, 99……)

식 (4-9)는 코스닥기업의 경우 인터넷 및 첨단 기술 중심의 신생 기업으로 이루어져 있어서 기업특성상 가치평가를 하는 데는 기존의 방법보다 비선형(실증 분석으로서 Log-Linear) 모형이 더 적합할 것이라 보고 설정한 모형이다.

Log-Linear 접근법은 기업규모의 문제를 감소시킬 수 있고, 극단치들을 제거하는 과정이 불필요한 데 그 이유는 지수로의 전환은 극단적인 관찰치들의 값을 현저히 낮게 하기 때문이다.

# 제2절 이익구성항목에 의한 실증모형

## 2.1 이익구성항목에 의한 Linear 실증모형

위의 식 (4-3)은 Ohlson의 모형을 단순화한 형태로 재구성한 것으로 기업의 가치를 현재의 이익가산 전 순자산 장부가액(PIBV)과 특별항목 차감 전 순이익(CNI)의 함수라고 가정하고 모형을 설정하였다. 본 연구에서 CNI는 수익성에서 일시적인 부분을 제외시키기 위해 당기순이익(net income)에서 특별항목(special items)을 차감한 것으로 정의된다. 또한 1997년부터 2001년 동안의 주가수준이 많은 차이가 있으므로 연도별 통제를 위해 더미변수를 추가하였다.

$$CNI = (REV - CGS) - R\&D - ADV - SGA$$
$$= GM - R\&D - ADV - SGA$$

여기서 REV: 매출수익, CGS: 매출원가, R&D: 연구개발비
ADV: 광고 선전비, SGA: 판매비와 관리비, GM: 매출총이익.

위의 식을 CNI에 대입하여 실증모형을 유도하면 다음과 같다.

이익구성항목에 의한 Linear 실증모형 1:

$$MV_{i,t} = \alpha_0 + \alpha_1 PIBV_{i,t} + \alpha_2 GM_{i,t} + \alpha_3 SGA_{i,t} + \alpha_4 R\&D_{i,t} + \alpha_5 ADV_{i,t} + \alpha_6 NgCNI_{i,t} + \sum_{k=1998}^{2001} \beta_k DY_{k,t} + \varepsilon_{i,t} \qquad \cdots\cdots \text{식 (4-10)}$$

여기서 $MV_{i,t}$ : t기말 3개월 이후 i기업의 보통주 시가총액

$PIBV_{i,t}$ : t기말 i기업의 이익가산 전 순자산 장부가액
$$(= BV_{i,t} - NI_{i,t})$$

$NgCNI_{i,t}$ : t기말 i기업의 특별손익 차감 전 순손실 ($CNI_{i,t}<0$)

$GM_{i,t}$ : t기말 i기업의 매출총이익,

$SGA_{i,t}$ : t기말 i기업의 판매비와 관리비(경상연구개발비 및 광고 선전비 제외)

$R\&D_{i,t}$ : t기말 i기업의 (연구)개발비

$ADV_{i,t}$ : t기말 i기업의 광고 선전비

$DY_{i,t}$ : 연도별 더미변수(관측치가 t년도에 속하면 1, 그렇지 않으면 0, t = 98, 99 ……).

식 (4-10)은 위의 식 (4-3)을 근거로 해서 CNI의 구성요소를 분리하였다. 즉 수익 및 비용의 구성요소를 매출총이익, 판매비와 일반관리비, 연구개발비, 광고 선전비 등으로 분해하고, 연도별 통제를 위해 더미변수를 추가하였다.

이익구성항목에 의한 Linear 실증모형 2:

$$MV_{i,t} = \alpha_0 + \alpha_1 \, PIBV_{i,t} + \alpha_2 \, GM_{i,t} + \alpha_3 \, SGA_{i,t} + \alpha_4 \, AR\&D_{i,t} + \alpha_5 \, EXR\&D_{i,t} + \alpha_6 \, ADV_{i,t} + \alpha_7 \, NgCNI_{i,t} + \sum_{k=1998}^{2001} \beta_k \, DY_{k,t} + \varepsilon_{i,t}$$

$$\cdots\cdots 식 (4\text{-}11)$$

여기서, $MV_{i,t}$ : t기말 3개월 이후 i기업의 보통주 시가총액

$PIBV_{i,t}$ : t기말 i기업의 이익가산 전 순자산 장부가액
$$(= BV_{i,t} - NI_{i,t})$$

$NgCNI_{i,t}$ : t기말 i기업의 특별손익 차감 전 순손실($CNI_{i,t} < 0$)

$GM_{i,t}$ : t기말 i기업의 매출총이익,

$SGA_{i,t}$ : t기말 i기업의 판매비와 관리비(경상연구개발비 및
    광고 선전비 제외)
$AR\&D_{i,t}$ : t기말 i기업의 자산으로 처리된 (연구)개발비
$EXR\&D_{i,t}$ : t기말 i기업의 비용으로 처리된 (연구)개발비
$ADV_{i,t}$ : t기말 i기업의 광고 선전비
$DY_{i,t}$ : 연도별 더미변수(관측치가 t년도에 속하면 1, 그렇
    지 않으면 0, t = 98, 99 ⋯⋯)

식 (4-11)은 연구개발비의 자산성을 검증하기 위해 위의 식 (4-10)에서의 연구개발비 부분을 분리시켜 모형을 설정하였다. 따라서 자산으로 처리된 연구개발비와 비용으로 처리된 연구개발비가 주가에 어떻게 영향을 미치는지를 검증한다.

## 2.2 이익구성항목에 의한 Non-Linear 실증모형

모형설정의 기본가정은 로그 변환된 기업가치(LMV)는 로그 변환된 현재의 이익가산 전 순자산 장부가액(LPIBV)과 특별항목 차감전 순이익(LCNI)의 함수로 하였다.

그리고 지수화 된 변수들이 (−)일 때도 정의 된다는 것을 확실하게 하기 위해 이 실증 분석에서 순이익이 (+)인가 (−)인가에 따라 위의 식 (4-9)의 $\alpha_2$, $\alpha_3$가 다르다는 것을 인정한다.

이익구성항목에 의한 Log-Linear 실증모형 1:

$$LMV_{i,t} = \alpha_0 + \alpha_1 LPIBV_{i,t} + \alpha_2 LGM_{i,t} + \alpha_3 LSGA_{i,t}$$
$$+ \alpha_4 LR\&D_{i,t} + \alpha_5 LADV_{i,t} + \alpha_6 LNgCNI_{i,t}$$
$$+ \sum_{k=1998}^{2001} \beta_k DY_{k,t} + \varepsilon_{i,t} \quad \cdots\cdots \text{식 (4-12)}$$

여기서, $LMV_{i,t}$ : $\ln(MV_{i,t} + 1)$

$LPIBV_{i,t}$ : $\ln(PIBV_{i,t} + 1)$

$LNgCNI_{i,t}$ : $-\ln(-CNI_{i,t} + 1)$: $CNI_{i,t} < 0$일 경우

$LGM_{i,t}$ : $\ln(GM_{i,t} + 1)$

$LSGA_{i,t}$ : $\ln(SGA_{i,t} + 1)$

$LR\&D_{i,t}$ : $\ln(R\&D_{i,t} \ R\&D_{i,t} + 1)$

$LADV_{i,t}$ : $\ln(ADV_{i,t} + 1)$

$DY_{i,t}$ : 연도별 더미변수(관측치가 t년도에 속하면 1, 그렇지 않으면 0, t = 98, 99 ……)

식 (4-12)는 Ohlson 모형에서와 같이 CNI를 분해하여 모형을 설정하였다.

최근 인터넷 등의 지식기반의 신종산업들이 생겨나면서 현행 재무제표에서는 나타낼 수 없는 무형자산으로 인해 이익이나 장부가액과 같은 재무변수가 과소평가 되어 기업가치와의 관련성이 낮게 나타낼 수 있다. 특히 코스닥기업에서는 시장점유율을 확대하기 위하여 연구개발비와 광고 선전비가 상당히 큰 비중을 차지한다고 본다. 위의 식은 식 (4-3)에 근거해서 로그 변환된 특별항목 차감 전 순이익(LCNI) 구성요소를 분해하여 로그 변환된 기업가치(LMV)와의 관련성을 분석하고자 하였다. 따라서 분석의 주요대상이 되는 연구개발비와 광고 선전비를 중심으로 모형을 설정하였으며, 연도별로 기업가치에 미치는 영향을 분석하고자 더미변수를 추가하였다.

이익구성항목에 의한 Log-Linear 실증모형 2:

$$LMV_{i,t} = \alpha_0 + \alpha_1\,LPIBV_{i,t} + \alpha_2\,LGM_{i,t} + \alpha_3\,LSGA_{i,t} +$$
$$\alpha_4\,LAR\&D_{i,t} + \alpha_5\,LEXR\&D_{i,t} + \alpha_6\,LADV_{i,t} +$$

$$\alpha_7 \, LNgCNI_{i,t} \; + \; \sum_{k=1998}^{2001} \beta_k \; DY_{k,t} \; + \; \varepsilon_{i,t}$$

$$\cdots\cdots \ 식 \ (4\text{-}13)$$

여기서, $LMV_{i,t}$ : $\ln(MV_{i,t} + 1)$

$\qquad LPIBV_{i,t}$ : $\ln(PIBV_{i,t} + 1)$

$\qquad LNgCNI_{i,t}$ : $-\ln(-CNI_{i,t} + 1)$: $CNI_{i,t} < 0$일 경우

$\qquad LGM_{i,t}$ : $\ln(GM_{i,t} + 1)$

$\qquad LSGA_{i,t}$ : $= \ln(SGA_{i,t} + 1)$

$\qquad LAR\&D_{i,t}$ : $\ln(AR\&D_{i,t} + 1)$

$\qquad LEXR\&D_{i,t}$ : $\ln(EXR\&D_{i,t} + 1)$

$\qquad DY_{i,t}$ : 연도별 더미변수(관측치가 t년도에 속하면 1, 그렇
지 않으면 0, t = 98, 99 $\cdots\cdots$)

위의 모형은 식 (4-12)와 관련된 추가적인 검증으로서, 코스닥기업의 주가에 큰 영향을 미치는 연구개발비에 대하여 미래 경제적 효익을 예상하고 기업가치 관련성을 검증하고자 연구개발비를 분리해서 식 (4-13)의 Log-Linear 모형을 설정하였다.


# 제3절 비재무변수를 포함한 확장 모형


인터넷 관련 닷컴기업 및 최첨단기술 산업과 같이 가치 변화의 폭이 크고 급속하게 성장하고 있는 기업의 경우는 재무정보만으로는 기업가치를 설명하는데 충분치 않은 것으로 알려져 있다
특히, 코스닥 벤처기업의 경우 정보통신 중심의 기술성과 성장을 위한 미래 투자활동에 높은 비중을 차지하고 있기 때문에 무형자산(지적자본)의 가치가 크게 부각되고 있는데 반하여, 현행 재무제표

로는 무형자산의 진정한 가치를 제대로 인정받지 못하고 있다.

이들 기업은 기업가치를 높이기 위하여 신기술, 신제품에 대한 연구개발과 마케팅활동에 많은 투자를 진행시키고 있으므로 무형의 지출액이 기업가치에 중요한 요인으로 작용할 것으로 본다.

따라서 본 연구는 코스닥기업의 가치평가에 관하여 연구개발비 및 광고비 등의 재무정보를 중심으로 검증하고, 여기에 재무제표에 반영되지 않는 비재무정보를 포함하여 실증 분석한다.

## 3.1 기본적 모형에 비재무변수를 추가한 Linear 실증모형

위에서 재무정보에 의한 기업가치 설명력을 검증하기 위하여 기업가치모형을 설정하였는데, 코스닥기업의 특성상 재무정보만으로는 불충분하다고 보고, 본 절에서는 재무정보와 비재무정보로 구성된 Linear 모형을 실증 분석한다. 본 연구에서 표본으로 선택한 비재무변수로는 다각화 정도(보유사업부 수: DVFN)를 취하였고, 시장점유율(MktSH), 보상형 스톡옵션 부여율(OPTION), 경영자의 보상(1인당 임원인건비: MgtL), 내부자 지분율(InSH) 등이며, 연도별로 기업가치에 미치는 영향을 분석하고자 더미변수를 추가하였다.

비재무변수만으로 구성된 Linear 실증모형:

$$MV_{i,t} = \alpha_0 + \alpha_1\,DVFN_{i,t} + \alpha_2\,MktSH_{i,t} + \alpha_3\,OPTION_{i,t} +$$
$$\alpha_4\,MgtL_{i,t} + \alpha_5\,InSH_{i,t} + \sum_{k=1998}^{2001} \beta_k\,DY_{k,t} + \varepsilon_{i,t}$$
$$\cdots\cdots \text{식 (4-14)}$$

여기서, $MV_{i,t}$ : t기말 3개월 이후 i기업의 보통주 시가총액

$DVFN_{i,t}$ : t기말 i기업의 보유 사업부 수

$MktSH_{i,t}$ : t기말 i기업의 추정 시장점유율

$OPTION_{i,t}$ : t기말 i기업의 보상형 스톡옵션 부여율

$MgtL_{i,t}$ : t기말 i기업의 1인당 임원인건비

$InSH_{i,t}$ : t기말 i기업의 내부자 지분율

$DY_{i,t}$ : 연도별 더미변수(관측치가 t년도에 속하면 1, 그렇지 않으면 0, t = 98, 99 ……)

위의 식 (4-14)에서는 회계정보를 제외하고 재무제표에 반영되지 않은 비재무정보만을 선택하여 기업가치에 미치는 영향력을 실증분석한다.

기본적 Linear 모형에 비재무변수를 추가한 Linear 실증모형:

$$MV_{i,t} = \alpha_0 + \alpha_1\,PIBV_{i,t} + \alpha_2\,CNI_{i,t} + \alpha_3\,NgCNI_{i,t} + \alpha_4\,DVFN_{i,t} + \alpha_5\,MktSH_{i,t} + \alpha_6\,OPTION_{i,t} + \alpha_7\,MgtL_{i,t} + \alpha_8\,InSH_{i,t} + \sum_{k=1998}^{2001} \beta_k\,DY_{k,t} + \varepsilon_{i,t}$$

$$\cdots\cdots \text{식 (4-15)}$$

식 (4-15)는 비재무변수를 포함하였을 때 기본적인 재무정보만을 회귀분석 하였을 때와 비교하여 기업가치 설명력이 증가하는지의 여부를 검증하기 위하여 설정하였다.

## 3.2 기본적 모형에 비재무변수를 추가한 Non-Linear 실증모형

위에서 논한바와 같이 코스닥기업의 경우 인터넷 및 첨단기술 중심의 성장기업으로 이루어져 있어서 기업특성상 가치평가를 하는

데는 기존의 방법보다 Log-Linear 모형이 더 적합할 것이라 보고 모형을 설정하였다.

비재무변수만으로 구성된 Log-Linear 실증모형:

$$LMV_{i,t} = \alpha_0 + \alpha_1 LDVFN_{i,t} + \alpha_2 LMktSH_{i,t} + \alpha_3 LOPTION_{i,t}$$
$$+ \alpha_4 LMgtL_{i,t} + \alpha_5 LInSH_{i,t} + \sum_{k=1998}^{2001} \beta_k DY_{k,t} + \varepsilon_{i,t}$$

$$\cdots\cdots \text{식 } (4\text{-}16)$$

여기서, $LMV_{i,t}$ : $\ln(MV_{i,t} + 1)$

$\quad\quad LDVFN_{i,t}$ : $\ln(DVFN_{i,t} + 1)$

$\quad\quad LMktSH_{i,t}$ : $\ln(MktSH_{i,t} + 1)$

$\quad\quad LOPTION_{i,t}$ : $\ln(OPTION_{i,t} + 1)$

$\quad\quad LMgtL_{i,t}$ : $\ln(MgtL_{i,t} + 1)$

$\quad\quad LInSH_{i,t}$ : $\ln(InSH_{i,t} + 1)$

$\quad\quad DY_{i,t}$ : 연도별 더미변수(관측치가 t년도에 속하면 1, 그렇지 않으면 0, t = 98, 99 ······)

위의 식은 Linear 모형 식 (4-15)와 비교해서 로그 변환된 비재무변수를 가지고 로그－변환된 기업가치(LMV)와의 관련성을 분석하고자 하였다.

기본적 Log-Linear 모형에 비재무변수를 추가한 Log-Linear 실증모형:

$$LMV_{i,t} = \alpha_0 + \alpha_1 LPIBV_{i,t} + \alpha_2 LCNI_{i,t} + \alpha_3 LNgCNI_{i,t} + \alpha_4$$
$$LDVFN_{i,t} + \alpha_5 LMktSH_{i,t} + \alpha_6 LOPTION_{i,t} + \alpha_7$$

$$MgtL_{i,\,t} \;+\; \alpha_8\, LInSH_{i,\,t} \;+\; \sum_{k=1998}^{2001} \beta_k\, DY_{k,\,t} \;+\; \varepsilon_{i,t}$$

$$\cdots\cdots \text{식 (4-17)}$$

식 (4-17)은 기본적인 재무정보와 비재무정보를 포함한 회귀모형으로 Linear 모형의 식 (4-15)를 근거로 해서 설정한 로그변환식이다.

## 3.3 이익구성항목에 비재무변수를 추가한 Linear 실증모형

본 연구에서 CNI는 수익성에서 단기간의 일시적인 부분을 제외시키기 위해 당기순이익(net income)에서 특별항목(special items)을 차감한 것으로 정의된다.

위의 회귀모형에서 CNI의 구성요소인 수익 및 비용의 구성요소를 매출총이익, 판매비와 일반관리비, 연구개발비, 광고 선전비 등으로 분해하여 설정하였는데, 이러한 이익구성항목에 비재무정보를 포함하여 기업가치 설명력을 실증 분석한다.

이익구성항목에 비재무변수를 추가한 Linear 실증모형:

$$MV_{i,\,t} = \alpha_0 \;+\; \alpha_1\, PIBV_{i,\,t} \;+\; \alpha_2\, GM_{i,\,t} \;+\; \alpha_3\, SGA_{i,\,t} \;+\; \alpha_4$$
$$R\&D_{i,\,t} \;+\; \alpha_5\, ADV_{i,\,t} \;+\; \alpha_6\, NgCNI_{i,\,t} \;+\; \alpha_7$$
$$DVFN_{i,\,t} \;+\; \alpha_8\, MktSH_{i,\,t} \;+\; \alpha_9\, OPTION_{i,\,t} \;+\; \alpha_{10}$$
$$MgtL_{i,\,t} \;+\; \alpha_{11}\, InSH_{i,\,t} \;+\; \sum_{k=1998}^{2001} \beta_k\, DY_{k,\,t} \;+\; \varepsilon_{i,t}$$

$$\cdots\cdots \text{식 (4-18)}$$

식 (4-18)은 위의 기본적 Linear 모형식을 근거로 해서 CNI의 구성요소를 분리하였고, 이에 추가적으로 비재무정보를 포함해서 설정된 모형이다.

이익구성항목에 비재무변수를 추가한 Linear 실증모형:

$$
\begin{aligned}
MV_{i,t} = {} & \alpha_0 + \alpha_1\,PIBV_{i,t} + \alpha_2\,GM_{i,t} + \alpha_3\,SGA_{i,t} + \alpha_4 \\
& AR\&D_{i,t} + \alpha_5\,EXR\&D_{i,t} + \alpha_6\,ADV_{i,t} + \alpha_7 \\
& NgCNI_{i,t} + \alpha_8\,DVFN_{i,t} + \alpha_9\,MktSH_{i,t} + \\
& \alpha_{10}\,OPTION_{i,t} + \alpha_{11}\,MgtL_{i,t} + \alpha_{12}\,InSH_{i,t} + \\
& \sum_{k=1998}^{2001} \beta_k\,DY_{k,t} + \varepsilon_{i,t}
\end{aligned}
\qquad \cdots\cdots \text{식 (4-19)}
$$

식 (4-19)는 연구개발비의 기업가치 관련성을 검증하기 위해 위의 식 (4-18)에서의 연구개발비 부분을 분리시켜 자산으로 처리된 연구개발비와 비용으로 처리된 연구개발비가 비재무정보와 포함하여 주가에 어떻게 영향을 미치는지를 검증하기 위하여 모형을 설정하였다.

## 3.4 이익구성항목에 비재무변수를 추가한 Non-Linear 실증모형

이익구성항목에 비재무변수를 추가한 Log-Linear 실증모형:

$$
\begin{aligned}
LMV_{i,t} = {} & \alpha_0 + \alpha_1\,LPIBV_{i,t} + \alpha_2\,LGM_{i,t} + \alpha_3\,LSGA_{i,t} + \\
& \alpha_4\,LR\&D_{i,t} + \alpha_5\,LADV_{i,t} + \alpha_6\,LNgCNI_{i,t} \\
& + \alpha_7\,LDVFN_{i,t} + \alpha_8\,LMktSH_{i,t} + \alpha_9\,LOPTION_{i,t} \\
& + \alpha_{10}\,LMgtL_{i,t} + \alpha_{11}\,LInSH_{i,t} + \sum_{k=1998}^{2001} \beta_k\,DY_{k,t} + \\
& \varepsilon_{i,t}
\end{aligned}
\qquad \cdots\cdots \text{식 (4-20)}
$$

위의 식은 Linear 모형 식 (4-19)에 근거해서 로그 변환된 특별항목 차감 전 순이익(LCNI) 구성요소를 분해하여 설정하였고 로그 변환된 비회계정보를 추가로 포함하여 로그 변환된 기업가치(LMV)와의 관련성을 분석하고자 하였다. 따라서 분석의 주요대상이 되는 연구개발비와 광고 선전비를 중심으로 모형을 설정하였으며, 연도별로 기업가치에 미치는 영향을 분석하고자 더미변수를 추가하였다.

이익구성항목에 비재무변수를 추가한 Log-Linear 실증모형:

$$
\begin{aligned}
LMV_{i,t} = {} & \alpha_0 + \alpha_1\, LPIBV_{i,t} + \alpha_2\, LGM_{i,t} + \alpha_3\, LSGA_{i,t} + \\
& \alpha_4\, LAR\&D_{i,t} + \alpha_5\, LEXR\&D_{i,t} + \alpha_6\, LADV_{i,t} + \alpha_7 \\
& LNgCNI_{i,t} + \alpha_8\, LDVFN_{i,t} + \alpha_9\, LMktSH_{i,t} \\
& + \alpha_{10}\, LOPTION_{i,t} + \alpha_{11}\, LMgtL_{i,t} + \alpha_{12}\, LInSH_{i,t} \\
& + \sum_{k=1998}^{2001} \beta_k\, DY_{k,t} + \varepsilon_{i,t} \qquad \cdots\cdots \text{식 (4-21)}
\end{aligned}
$$

위의 모형은 식 (4-20)과 관련된 추가적인 검증으로서, 코스닥기업의 주가에 큰 영향을 미치는 연구개발비에 대하여 미래 경제적 효익을 예상하고 기업가치 관련성을 검증하고자 연구개발비를 분리하였고, 여기에다 비재무변수를 포함시켜서 식 (4-21)의 Log-Linear 모형을 설정하였다.

## 3.5 추가분석모형: 복합 Linear 실증모형

코스닥기업에서의 사업다각화 정도(보유사업부 수), 시장점유율, 보상형 스톡옵션 부여율, 경영자의 보수(1인당 임원인건비), 내부자 지분율 등의 비재무정보 외에 추가적으로 몇 가지 변수를 사용하여 회귀모형을 설정한다.

기본적인 재무정보와 비재무정보의 추가분석 Linear 실증모형:

$$MV_{i,t} = \alpha_0 + \alpha_1\, PIBV_{i,t} + \alpha_2\, CNI_{i,t} + \alpha_3\, NgCNI_{i,t} + \alpha_4$$

$$RDSR_{i,t} + \alpha_5\, ADSR_{i,t} + \alpha_6\, DVFN_{i,t} + \alpha_7$$

$$MktSH_{i,t} + \alpha_8\, OPTION_{i,t} + \alpha_9\, MgtL_{i,t} + \alpha_{10}$$

$$InSH_{i,t} + \sum_{k=1998}^{2001} \beta_k\, DY_{k,t} + \varepsilon_{i,t} \ \cdots\cdots \ 식\ (4\text{-}22)$$

위의 식 (4-22)는 재무정보와 비재무정보에 대한 추가적인 분석으로서 이미 앞에서 사용한 기본적인 재무변수와 비재무변수 외에 매출액 대비 연구개발 비율(RDSR), 매출액 대비 광고 선전비율(ADSR) 등을 추가로 설정하여 기업가치 관련성을 실증 분석한다.

## 3.6 추가분석모형: 복합 Non-Linear 실증모형

기본적인 재무정보와 비재무정보의 추가분석 Log-Linear 실증모형:

$$LMV_{i,t} = \alpha_0 + \alpha_1\, LPIBV_{i,t} + \alpha_2\, LCNI_{i,t} + \alpha_3 LNgCNI_{i,t} +$$

$$\alpha_4\, LRDSR_{i,t} + \alpha_5\, LADSR_{i,t} + \alpha_6\, LDVFN_{i,t}$$

$$+ \alpha_7\, LMktSH_{i,t} + \alpha_8\, LOPTION_{i,t} + \alpha_9\, LMgtL_{i,t}$$

$$+ \alpha_{10}\, LInSH_{i,t} + \sum_{k=1998}^{2001} \beta_k\, DY_{k,t} + \varepsilon_{i,t}$$

$$\cdots\cdots \ 식\ (4\text{-}23)$$

위의 Log-Linear 모형 식 (4-23)은 재무정보와 비재무정보에 대한 추가적인 분석으로서 Linear 모형 식 (4-22)와의 비교를 원활하게 하기 위하여 로그-변환된 재무변수와 로그-변환된 비재무변수를 설정하였다.

# 제4절 변수의 측정

## 4.1 재무변수의 측정

코스닥기업의 재무정보가 기업가치와 가치 관련성이 있는지를 검증하기 위하여 회귀모형에 사용될 변수들은 다음과 같다.


1) $MV_{i,t}$ : t기말 i기업의 3개월 이후의 보통주 시장가치

기업가치를 반영하는 총 주식가치의 계산은 주식가격에 발행주식 수를 곱한 것으로 우선주는 배제하고 보통주만을 계산하였다. 그리고 3월말 종가를 이용한 것은 기업공시가 3월에 발표되며, 이 시점에서의 주가는 기업의 모든 정보가 반영된 것으로 볼 수 있기 때문이다.


2) $PIBV_{i,t}$ : t기말 i기업의 이익가산 전 순자산 장부가액

$$= \text{순자산 장부가액}(BV_{i,t}) - \text{당기순이익}(NI_{i,t})$$

이익가산 전 순자산 장부가액($PIBV_{i,t}$)은 순자산 장부가액[23]($BV_t$)에서 당기순이익($NI_t$)을 차감한 부분으로서, $NI_t$는 $PIBV_t$가 아닌 $BV_t$의 일부이므로 $BV_t$를 $PIBV_t$로 대체하는 것은 $MV_{i,t}$에 대한 $NI_t$의 증분적 영향(marginal impact)에 대하여 더 정확한 추정을 이끌 수 있다.


3) $CNI_{i,t}$ : t기말 i기업의 특별손익 차감 전 순이익

$$= \text{당기순이익}(NI_{i,t}) - \text{특별항목}(SPEC_{i,t})$$

특별항목 차감 전 순이익($CNI_{i,t}$)을 사용하는 이유는 당기순이익($NI_{i,t}$)에는 특별항목($SPEC_{i,t}$)이 포함되어 있고, 이러한 특별항목

---

23) 순자산 장부가액은 기말의 총자산에서 총부채를 차감한 부분이다.

은 미래 지속성이 없는 일시적인 항목이므로 정보의 유용성이 감소될 수 있다. 따라서 당기순이익에서 특별항목을 차감한 순이익을 검증대상으로 하였다.

4) $REV_{i,t}$ : t기말 i기업의 순매출액(매출수익)

5) $CGS_{i,t}$ : t기말 i기업의 매출원가

6) $R\&D_{i,t}$ : t기말 i기업의 연구개발비＝개발비＋경상(연구)개발비

$$= \{(당기의 \ 개발비 - 전기의 \ 개발비) + 개발비상각액24)\}25)$$

$$+ 경상(연구)개발비26)$$

기업의 연구개발비는 당기 및 미래 경영성과의 개선을 위한 것이므로 이에 대한 지출효과는 당기뿐만 아니라, 시간의 경과에 따라 기업의 가치에 반영될 것으로 기대된다. 따라서 본 연구는 기업의 연구개발비 지출액을 현행 기업회계기준에 근거하여 무형자산으로 처리한 금액과 당해연도의 비용으로 처리한 금액의 합계로 산출하였다.

실제로 위의 식에 의하여 각 기업의 연구개발비 지출액을 산출한

---

24) 본 연구에서는 개발비상각액을 손익계산서와 제조원가명세서상의 개발비상각액의 합계로 하였다.

25) 최정호(1997)는 그의 연구에서 당기의 연구개발 지출액을 이연자산으로 처리되는 비경상연구개발비와 비용으로 처리되는 경상연구개발비의 합으로 사용하였다.

당기 연구개발 지출액＝비경상연구비＋경상연구개발비

비경상연구비＝기말시험연구비 - 기초시험연구비＋기중시험연구비상각액

경상(연구)개발비는 손익계산서와 제조원가명세서상의 금액을 합한 금액이다.

따라서 본 연구는 자산으로 처리되는 개발비를 (당기의 개발비 - 전기의 개발비＋개발비상각액)으로 계산하였다.

26) 여기서 경상(연구)개발비는 시험연구비, 시험비, 경상(연구)개발비 등을 포함한 금액을 가리킨다.

경상개발비는 일반적으로 손익계산서상의 판매비와 관리비로 나타나지만 제조원가명세서에 별도로 나타나는 경우도 있었다. 손익계산서에 경상개발비가 존재하지 않고 제조원가명세서에만 나타나는 경우는 제조원가명세서의 금액을 경상개발비로 하였다.

결과 음(-)의 값을 보인 경우가 있었는데, 이는 나인철(1995)의 연구에서 지적된 바와 같이 기말개발비가 상각 외(예, 산업재산권으로 대체되거나 전액 특별 손실처리)의 사유로 감소할 수 있기 때문에 당기와 전기의 개발비 차이는 개발비 상각액과 다를 수 있다. 그러나 현행 재무제표 정보로는 알아내기가 불가능하여, 본 연구에서는 음(-)의 값을 보인 경우에는 비정상적인 것으로 간주하여 연구개발비를 '0'으로 처리하였다.

7) $SGA_{i,t}$ : t기말 i기업의 판매비와 일반관리비

$\qquad$ =판매비와 관리비-경상연구개발비(-광고 선전비)

판매비와 일반관리비는 경상연구개발비와 광고 선전비가 포함되므로 이를 차감한 금액으로 하였다.

8) $GM_{i,t}$ : t기말 i기업의 매출총이익 $(REV_{i,t} - CGS_{i,t})$

매출총이익은 순매출액에서 매출원가를 차감한 부분이다.

9) $AR\&D_{i,t}$ : t기말 i기업의 자산으로 처리된 개발비

$\qquad$ =(당기의 개발비-전기의 개발비)+개발비상각액

10) $EXR\&D_{i,t}$ : t기말 i기업의 비용으로 처리된 (연구)개발비

$\qquad$ =경상(연구)개발비+제조원가명세서상의 경상(연구)개발비

11) $ADV_{i,t}$ : t기말 i기업의 광고 선전비

$\qquad$ =손익계산서상의 광고 선전비+제조원가명세서상의 광고 선전비

## 4.2 비재무변수의 측정

코스닥기업의 재무정보에 비재무정보를 포함시키는 경우 기업가치에 추가적인 가치 관련성을 갖는지를 검증하기 위하여 회귀모형

에 사용될 비재무변수27)들은 다음과 같다.


1) $DVFN_{i,t}$ : 사업다각화(보유 사업부 수)

코스닥 벤처기업은 기술성과 성장성을 위주로 설립하여 초기단계에 있고 아직은 체계화되지 않았기 때문에 매출액과 이익을 높이기 위하여 다양한 사업 분야로 다각화를 모색하려고 할 것이다.

다각화의 개념은 일반적으로 한 기업에서 서로 다른 사업을 운영하는 것으로 정의될 수 있으며, 본 연구는 사업다각화가 기업가치에 영향을 미치게 될 것으로 예상하여 보유 사업부 수를 검증대상으로 선택하였다.


2) $MktSH_{i,t}$ : 시장점유율(%)

시장점유율을 정확하게 수집하는 것은 대단히 어려운 일이다. 따라서 본 연구는 코스닥 전자공시 시스템에 공시된 사업보고서 중 '사업의 내용' 등에 제시된 자료를 근거로 해서 시장점유율을 추정하였다.


3) $OPTION_{i,t}$ : 보상형 스톡옵션 부여율(%)
    = 스톡옵션 주식수/총발행주식수


4) $MgtL_{i,t}$ : 경영진의 보수는 1인당 임원인건비(단위: 백만 원)
    로 대신하였다.


5) $InSH_{i,t}$ : 내부자 지분율(%)
    = 임원(또는 전직원) 보유주식수/총발행주식수

---

27) 실증 분석에 필요한 비재무정보는 금융감독원의 전자공시시스템(http://www.dart.fss.or.kr)에 공시된 사업보고서 중에서 수집하였다.

6) $PSR_{i,t}$ : 매출액 대비 주가비율(%)
　　　　＝보통주 시장가치(MV)/매출액(REV)

7) $RDSR_{i,t}$ : 매출액 대비 연구개발 비율(%)
　　　　＝연구개발비(R&D)/매출액(REV)

8) $ADSR_{i,t}$ : 매출액 대비 광고 선전비율(%)
　　　　＝광고비(ADV)/매출액(REV)

# 제5장 표본기업의 선정과 기술 통계치

## 제1절 표본기업의 선정

표본은 1997년과 2001년까지 금융감독원의 공시시스템을 통하여 얻은 코스닥 등록 기업의 사업보고서와 한국신용평가(주)의 KIS-FAS 자료를 병용하여 재무정보 및 비재무정보를 수집하였다.

표본자료는 다음의 조건을 충족하는 기업으로 선정하였다.


1) 12월 결산법인으로 금융업이 아닌 기업

12월 결산법인을 표본으로 한 것은 대부분의 기업이 12월에 결산을 실시하기 때문이며, 표본의 동질성을 높이기 위해서이다. 또한 금융업을 표본에서 제외한 이유는 영업활동 및 재무제표 구성항목, 회계처리방법 등이 일반기업과는 크게 달라서 재무정보의 동질성이 같다고 볼 수 없기 때문이다.


2) 순자산 장부가액이 양(+)인 기업

순자산 장부가액이 양수인 기업을 대상으로 하였다. 순자산 장부가액이 음수인 경우에는 본 연구에서 사용할 변수 측정치의 의미가 불분명하거나 경우에 따라서는 실제의 상황과는 반대로 해석될 수 있기 때문에 제외하였다.


3) 관리대상이 아닌 기업

관리대상 기업은 재무제표가 정상적이지 않아 신뢰성이 낮기 때문에 기업가치가 적절하게 평가되지 않을 것이라 예상하고 표본에서 제외하였다.

4) 검증기간 중 연구개발비 및 광고 선전비를 비롯하여 실증 분석모형에서 필요로 하는 회계정보가 모두 공시된 기업만을 대상으로 하였다.

이상의 기준을 충족하는 기업을 대상으로 1997년부터 2001년까지의 1,281개 표본수가 선정되었으며, 이를 각 연도별로 나타내면 1997년은 91개, 1998년은 159개, 1999년은 242개, 2000년은 346개, 2001년은 443개이다.

## 제2절 표본기업의 기술 통계치

코스닥기업의 재무정보와 비재무정보에 대한 기업가치의 관련성을 검증하기 위하여 자료의 기술 통계치를 살펴보면 다음과 같다. 표본기업은 12월 결산기업으로서 1997년부터 2001년까지 5년간으로 한하였다. 또한 분석에 이용되는 주요 변수는 특별항목 차감 전 순이익(CNI)이 양(＋)인 기업과 음(－)인 기업으로 나누어서 검증하였다.

<표 5-1>의 표본기업에 대한 기술 통계치를 살펴보면 보통주 시가총액(MV)의 평균이 64,612백만 원으로, 기말의 이익가산 전 순자산 장부가액(PIBV)의 평균 29,094보다 2배 이상 높게 나타내고 있다. 전체적으로 코스닥기업의 경우는 순자산 장부가액이 시장가치에 비해 저평가되어 있다고 볼 수 있으며, 이 저평가된 부분이 무형자산의 가치라고 할 수 있다. 이러한 사실은 코스닥기업에서 재무제표에 반영되지 않은 비재무적 요소의 가치가 높은 비중을 차지하고 있다는 것을 반영해 준다.

표본기업에서의 연구개발비(R&D)지출액 평균은 904백만 원으로 나났으며, 매출액 대비 연구개발 비율(RDSR)의 평균은 3.7%[28] 정

---

28) 매출액 대비 연구개발 비율(RDSR)의 평균은 벤처기업이 7%, 일반기업이 1.4%로 나타내었다.

도로 나타났다. 매출액(REV) 평균은 이익가산 전 장부가액(PIBV)의 평균과 비교해 볼 때, 2배 정도 높은 통계치를 나타내고 있는데, 이것은 코스닥기업의 높은 수익성과 성장성을 잘 반영해주는 수치라고 볼 수 있다. 표본기업에서의 광고 선전비(ADV) 평균을 살펴보면 628백만 원으로 나타났으며, 매출액 대비 광고 선전비율의 평균은 1.3%정도를 보이고 있다. 한편, 비재무정보를 살펴보면 코스닥 전체 표본기업의 사업다각화 정도를 나타내는 보유 사업부 수의 평균은 1.797개를 보여 1개 부문 이상의 다각화를 추진하고 있는 것으로 나타났고, 추정 시장점유율의 평균은 23.134%로 나타나 비교적 시장에서의 높은 점유율을 차지하고 있는 것으로 보였다. 이러한 결과는 코스닥기업의 경우 시장에서의 지위 확보를 위해 높은 기술성과 성장성을 위한 미래 투자활동에 많은 비중을 차지 한다는 것과 일치하는 결과이다. 보상형 스톡옵션 부여율의 평균은 그다지 높은 수준을 보이지 않았는데, 그 이유는 전체표본수에 비해 스톡옵션 부여기업 수가 그다지 많지 않았기 때문이라고 추정된다. 또한 경영자의 보수를 나타내주는 1인당 임원인건비의 평균은 47.016백만 원으로 나타났고, 내부자 지분율의 평균은 40.582%를 보여 코스닥기업의 경우 창업자 및 그 가족을 포함한 기업 내부자들이 대부분의 최대주주 및 특수 관계인으로 되어 있어 내부자들의 주식 보유율이 높게 나타나고 있다.

<표 5-2>의 CNI의 부호에 따른 표본기업의 기술 통계치에서 보는 바와 같이 기업−년 자료의 80.4%는 CNI가 양(＋)인 기업이고, 19.6%는 CNI가 음(−)인 기업으로 나타내고 있다. 제1부 CNI가 양(＋)인 기업의 보통주 시가총액(MV)의 평균은 67,492백만 원으로, 기말의 이익가산 전 순자산 장부가액(PIBV)의 평균 25,632백만 원보다 높게 나타났으며, 제2부의 CNI가 음(−)인 기업의 보통주 시가총액(MV)의 평균은 52,732백만 원으로, 기말의 이익가산 전 순자산 장부가액(PIBV)의 평균 43,372백만 원보다 높게 나타났다.

<표 5-1> 표본기업에 대한 기술 통계치　　　(단위: 백만 원, %)

| 구 분<br>변 수 | | N=1,281 | | | | |
|---|---|---|---|---|---|---|
| | | Mean | Std Dev | Max | Med | Min |
| 재무정보 | MV | 64,612 | 151,775 | 2,042,905 | 25,410 | 720 |
| | PIBV | 29,094 | 57,117 | 1,009,480 | 16,081 | 1,009 |
| | CNI | 1,569 | 10,785 | 109,683 | 1,481 | −160,000 |
| | NgCNI | −1,545 | 7,649 | 0 | 0 | −160,000 |
| | REV | 56,359 | 120,594 | 2,220,000 | 31,298 | 1,476 |
| | CGS | 45,083 | 92,089 | 1,770,000 | 25,129 | 316 |
| | GM | 11,396 | 33,640 | 631,536 | 5,669 | −10,985 |
| | SGA | 7,680 | 24,026 | 400,000 | 3,664 | 100 |
| | R&D | 904 | 1,977 | 32,566 | 277 | 0 |
| | ADV | 628 | 3,619 | 69,925 | 49 | 0 |
| 비 율 | PSR | 2.576 | 8.415 | 159.134 | 0.830 | 0.012 |
| | RDSR | 0.037 | 0.089 | 1.352 | 0.007 | 0 |
| | ADSR | 0.013 | 0.038 | 0.446 | 0.002 | 0 |
| | RDASR | 0.050 | 0.103 | 1.454 | 0.015 | 0 |
| | ROE | 0.099 | 0.269 | 3.775 | 0.103 | −1.987 |
| | PBR | 2.646 | 5.095 | 97.700 | 1.415 | 0.024 |
| 비재무정보 | DVFN | 1.797 | 1.179 | 9 | 1 | 1 |
| | MktSH | 23.134 | 22.844 | 100 | 14.6 | 0.1 |
| | OPTION | 0.573 | 2.105 | 35.870 | 0 | 0 |
| | MgtL | 47.016 | 40.570 | 324 | 48 | 7 |
| | InSH | 40.582 | 20.863 | 100 | 40 | 3.27 |

주) MV: 보통주 시장가치, PIBV: 이익가산 전 자기자본 장부가치(자기자본 장부
가치 − 당기순이익), CNI: 특별항목 차감 전 순이익(당기순이익 − 특별손익),
REV: 순매출액, CGS: 매출원가, GM: 매출총이익, SGA: 판매관리비[판매비와
관리비 − 경상(연구)개발비 − 광고 선전비], R&D: 당기(연구)개발비[기말(연구)
개발비 − 기초(연구)개발비 + 당기(연구)개발비상각액 + 경상(연구)개발비 + 제조
원가명세상의 연구개발비], ADV: 광고 선전비(손익계산서상의 광고 선전비 +
제조원가명세서상의 광고 선전비), PSR: (MV/REV), RDSR: (R&D/REV),
ADSR: (ADV/REV), RDASR: [(R&D + ADV)/REV], ROE: (CNI/PIBV).
PBR: (MV/BV), DVFN: 보유사업부 수(개), MktSH: 추정 시장점유율(%),
OPTION: 보상형 스톡옵션 부여주수/총발행주식수(%), MgtL: 1인당 임원인
건비/총인건비(%), InSH: 내부자 지분율 = 임원(또는 전직원) 보유주식수/총발
행주식수.

구체적으로 살펴보면, CNI가 음(−)인 기업의 연구개발비(R&D) 지출액 평균(중위수)은 CNI가 양(+)인 기업보다 높게 나타났는데, 전체적인 통계치를 살펴본 바와 같이, 기업에서 수익을 많이 얻고도 막대한 연구개발비 및 광고 선전비 투자로 인하여 손실액이 발생한 것으로 알 수 있다. 광고 선전비 지출액의 경우에도 CNI가 음(−)인 기업의 중위수가 CNI가 양(+)인 기업의 중위수보다 높게 나타내고 있다.

매출액 대비 연구개발비(RDSR), 매출액 대비 광고 선전비(ADSR) 그리고 매출액 대비 연구개발비 및 광고 선전비(RDASR)의 평균(중위수)을 보면 CNI가 음(−)인 기업이 CNI가 양(+)인 기업보다 높게 나타났다.

전체적으로 볼 때, CNI가 음(−)인 기업이 CNI가 양(+)인 기업보다 연구개발비 및 광고 선전비 지출액에서 더 큰 중위수를 보이고 있으며, 특히, 손실액이 발생한 코스닥기업은 이익을 낸 기업보다 더 높은 평균과 중위수의 P/S ratio를 보이고 있고, 연구개발비와 광고 선전비에 매출수익의 더 많은 부분을 지출한 것으로 나타내고 있다. 따라서 기업에 보고 된 손실액은 경영활동이 부진해서라기보다는 연구개발비 및 광고 선전비의 대규모 투자로 인한 결과라고 보여진다. 그러나 연구개발비 및 광고 선전비에 투자함으로서 성취되는 효과는 단기간의 미래 양(+)의 비정상 수익을 산출하는 것보다 더 서서히 증가하는 결과로 작용하는데, 이것은 무형자산에 현재의 투자지출을 크게 할수록 그 투자액은 미래 경제적 효익을 가져다줄 가능성이 크므로 비용화 하기보다는 자산으로 계상되어야 할 것이라고 생각한다.

비재무변수에 대한 기술 통계치를 살펴보면, 사업다각화 정도를 나타내는 보유사업부 수의 평균이 CNI가 음(−)인 기업이 CNI가 양(+)인 기업보다 조금 더 높게 나타났는데, 이러한 결과는 아마도 체계되지 않은 초창기 코스닥기업에서 사업 확장을 위한 다각화로 인하여 단기간의 이익창출에 부(−)의 영향을 미치고 있는 것으로 보여진다.

### <표 5-2> CNI의 부호에 따른 표본기업의 기술 통계치

제1부: CNI≥0인 기업 (단위: 백만 원, %)

| 구 분<br>변 수 | | CNI≥0 : N=1,031 | | | | |
|---|---|---|---|---|---|---|
| | | Mean | StdDev | Max | Med | Min |
| 재무정보 | MV | 67,492 | 156,237 | 2,042,905 | 26,000 | 784 |
| | PIBV | 25,632 | 42,084 | 937,306 | 15,394 | 1,009 |
| | CNI | 3,870 | 7,547 | 109,683 | 2,093 | 14 |
| | REV | 55,934 | 9,375 | 1,784,877 | 32,719 | 1,476 |
| | CGS | 44,224 | 69,609 | 1,153,341 | 25,940 | 316 |
| | GM | 11,859 | 29,613 | 631,536 | 6,305 | 505 |
| | SGA | 7,001 | 19,773 | 362,274 | 3,492 | 100 |
| | R&D | 825 | 17,877 | 32,566 | 257 | 0 |
| | ADV | 699 | 3,992 | 69,925 | 47 | 0 |
| 비 율 | PSR | 2.530 | 8.487 | 159 | 0.789 | 0.012 |
| | RDSR | 0.030 | 0.067 | 1.009 | 0.006 | 0 |
| | ADSR | 0.012 | 0.037 | 0.446 | 0.002 | 0 |
| | RDASR | 0.042 | 0.082 | 1.098 | 0.013 | 0 |
| | ROE | 0.179 | 0.205 | 3.775 | 0.066 | 0.002 |
| | PBR | 2.723 | 5.313 | 97.700 | 1.475 | 0.024 |
| 비재무정보 | DVFN | 1.765 | 1.172 | 9 | 1 | 1 |
| | MktSH | 24.096 | 23.288 | 100 | 15 | 0.100 |
| | OPTION | 0.507 | 2.111 | 35.870 | 0 | 0 |
| | MgtL | 47.794 | 41.200 | 324 | 49 | 7 |
| | InSH | 42.941 | 20.753 | 100 | 43.120 | 3.270 |

주) MV: 보통주 시장가치, PIBV: 이익가산 전 자기자본 장부가치(자기자본 장부가치-당기순이익), CNI: 특별항목 차감 전 순이익(당기순이익-특별손익), REV: 순매출액, CGS: 매출원가, GM: 매출총이익, SGA: 판매관리비[판매비와 관리비-경상(연구)개발비-광고 선전비], R&D: 당기(연구)개발비[기말(연구)개발비-기초(연구)개발비+당기(연구)개발비상각액+경상(연구)개발비+제조원가명세상의 연구개발비], ADV: 광고 선전비(손익계산서상의 광고 선전비+제조원가명세서상의 광고 선전비), PSR: (MV/REV), RDSR: (R&D/REV), ADSR: (ADV/REV), RDASR: [(R&D+ADV)/REV], ROE: (CNI/PIBV). PBR: (MV/BV), DVFN: 보유사업부 수(개), MktSH: 추정 시장점유율(%),OPTION: 보상형 스톡옵션 부여주수/총발행주식수(%), MgtL: 1인당 임원인건비/총인건비(%), InSH: 내부자 지분율=임원(또는 전직원) 보유주식수/총발행주식수.

## 제2부: CNI<0인 기업

<table>
<tr><td colspan="2" rowspan="2">구 분<br>변 수</td><td colspan="5">CNI<0 : N=250</td></tr>
<tr><td>Mean</td><td>StdDev</td><td>Max</td><td>Med</td><td>Min</td></tr>
<tr><td rowspan="9">재무정보</td><td>MV</td><td>52,732</td><td>131,400</td><td>1,254,400</td><td>22,004</td><td>720</td></tr>
<tr><td>PIBV</td><td>43,372</td><td>95,864</td><td>1,009,480</td><td>19,812</td><td>2,567</td></tr>
<tr><td>CNI</td><td>−7,919</td><td>15,813</td><td>−3</td><td>−3,062</td><td>−160,000</td></tr>
<tr><td>REV</td><td>58,113</td><td>198,764</td><td>2,220,000</td><td>25,399</td><td>1,624</td></tr>
<tr><td>CGS</td><td>48,623</td><td>153,412</td><td>1,770,000</td><td>22,148</td><td>1,194</td></tr>
<tr><td>GM</td><td>9,489</td><td>46,748</td><td>570,000</td><td>2,775</td><td>−10,985</td></tr>
<tr><td>SGA</td><td>10,480</td><td>36,611</td><td>400,000</td><td>4,305</td><td>109</td></tr>
<tr><td>RND</td><td>1,231</td><td>2,317</td><td>18,869</td><td>355</td><td>0</td></tr>
<tr><td>ADV</td><td>332</td><td>1,146</td><td>15,015</td><td>65</td><td>0</td></tr>
<tr><td rowspan="6">비 율</td><td>PSR</td><td>2.763</td><td>8.142</td><td>76.880</td><td>0.933</td><td>0.026</td></tr>
<tr><td>RDSR</td><td>0.067</td><td>0.143</td><td>1.352</td><td>0.010</td><td>0</td></tr>
<tr><td>ADSR</td><td>0.016</td><td>0.045</td><td>0.428</td><td>0.003</td><td>0</td></tr>
<tr><td>RDASR</td><td>0.083</td><td>0.161</td><td>1.454</td><td>0.023</td><td>0</td></tr>
<tr><td>ROE</td><td>−0.233</td><td>0.247</td><td>−0.001</td><td>−0.159</td><td>−1.987</td></tr>
<tr><td>PBR</td><td>2.332</td><td>4.071</td><td>46</td><td>1.218</td><td>0.037</td></tr>
<tr><td rowspan="5">비재무정보</td><td>DVFN</td><td>1.928</td><td>1.200</td><td>6</td><td>1</td><td>1</td></tr>
<tr><td>MktSH</td><td>19.1674</td><td>20.482</td><td>100</td><td>10</td><td>0.150</td></tr>
<tr><td>OPTION</td><td>0.845</td><td>2.060</td><td>14.025</td><td>0</td><td>0</td></tr>
<tr><td>MgtL</td><td>43.804</td><td>37.767</td><td>226</td><td>46</td><td>11</td></tr>
<tr><td>InSH</td><td>30.85</td><td>18.379</td><td>84.170</td><td>28.115</td><td>3.670</td></tr>
</table>

주) MV: 보통주 시장가치, PIBV: 이익가산 전 자기자본 장부가치(자기자본 장부가치−당기순이익), CNI: 특별항목 차감 전 순이익(당기순이익−특별손익), REV: 순매출액, CGS: 매출원가, GM: 매출총이익, SGA: 판매관리비[판매비와 관리비−경상(연구)개발비−광고 선전비], R&D: 당기(연구)개발비[기말(연구)개발비−기초(연구)개발비+당기(연구)개발비상각액+경상(연구)개발비+제조원가명세상의 연구개발비], ADV: 광고 선전비(손익계산서상의 광고 선전비+제조원가명세서상의 광고 선전비), PSR: (MV/REV), RDSR: (R&D/REV), ADSR: (ADV/REV), RDASR: [(R&D+ADV)/REV], ROE: (CNI/PIBV). PBR: (MV/BV), DVFN: 보유사업부 수(개), MktSH: 추정 시장점유율(%), OPTION: 보상형 스톡옵션 부여주수/총발행주식수(%), MgtL: 1인당 임원인건비/총인건비(%), InSH: 내부자 지분율=임원(또는 전직원) 보유주식수/총발행주식수.

# 제6장 실증 분석 결과

## 제1절 기본적 Linear 모형과 Log-Linear 모형의 회귀분석 결과 비교

### 1.1 기본적 Linear 모형의 회귀분석 결과

<표 6-1>은 코스닥기업에 대한 기본적 Linear 모형 식 (4-3)의 결과로 주식가치는 순자산 장부가액과 미래 초과이익의 현재가치의 함수라는 형태를 단순화시킨 Ohlson의 Linear 모형을 회귀분석 한 결과이다.

기본적 Linear 모형의 실증 분석 결과를 보면, CNI≥0인 경우와 CNI<0인 경우를 통합하여 회귀분석 한 전체표본기업의 Linear 모형에서 이익가산 전 순자산 장부가액(PIBV)과 특별항목 차감 전 순이익(CNI)이 주가와 유의한 양(+)의 관계를 보인 반면에, 특별항목 차감 전 순손실(NgCNI)은 주가와 유의한 음(−)의 관계를 나타내고 있다.

주가설명력을 나타내는 $adj\ R^2$을 보면 단순하게 재구성된 형태의 Ohlson의 Linear 모형에서 전체표본기업의 회귀분석 결과는 0.272로 나타내고 있다.

CNI가 양(+)인 기업의 경우에는 이익가산 전 순자산 장부가액(PIBV)과 특별항목 차감 전 순이익(CNI)이 주가와 유의한 양(+)의 관계를 보였다. 그러나 CNI가 음(−)인 경우에서는 이익가산 전 순자산 장부가액(PIBV)이 주가와 유의한 양(+)의 관계를 보인 반면에 특별항목 차감 전 순손익(CNI)이 유의하지 않는 양(+)의 값을 보이고 있다. 초창기 기업들은 막대한 투자개발과 광고비용 등으로 시장점유율을 높이려고 수익을 많이 올리려고 노력할 것이다. 또한 CNI가 음(−)인 기업은 초기 연구개발비 등의 무형자산에 많이 투자를 했기 때문에 수익을 많이 얻고도 손실액을 보고할 수 있다.

본 절에서는 순이익구성항목을 세분하여 확장한 모형으로 코스닥 기업의 가치 관련성을 분석하기에 앞서, 먼저 장부가액, 순이익과 같은 기본적인 회계자료가 주가에 적합하다는 것을 검증한다. 연도별로 보면 1999년에는 전체모형에서 유의한 양(+)의 상관관계를 나타내었고, 그 외 연도에서는 부분적으로 음(−)을 값을 나타내고 있는데, 특히 1997년도 말에 겪은 IMF의 영향으로 말미암아 1998년에는 대부분 음(−)의 관계로 나타내고 있으나 통계적인 유의성은 없었다.

주가설명력을 나타내는 $adj\ R^2$을 보면 CNI가 양(+)인 기업의 경우(혹은 CNI가 음(−)인 기업의 경우) 단순하게 재구성된 형태의 Ohlson의 Linear 모형에서 전체표본기업의 경우는 0.266(0.312)으로 나타내고 있다.

모형의 적합성을 나타내는 F-value는 각 표본에서 모두 유의하게 나타내고 있다. 아래의 분석 결과를 보면, 이익가산 전 순자산 장부가액(PIBV)은 Linear 모형과 Log-Linear의 어떠한 경우에서도 종속변수인 주가(MV)와 유의한 양(+)의 관계를 보였다. 그러나 특별항목 차감 전 순이익(CNI)은 CNI가 양(+)인 경우엔 주가와 유의한 양(+)의 관계를 보이나, CNI가 음(−)인 경우엔 유의하지 않은 양(+)의 관계를 나타내었다. 전체적으로 살펴볼 때 이익가산 전 장부가액(PIBV)과 특별항목 차감 전 순이익(CNI)은 주가와 양(+)의 관련성을 보이고 있다. 따라서 순자산 장부가액(BV), 순이익(earning), 현금흐름(cash flow)이 주가의 횡단성 변동을 설명하는데 부적합하다는 Amir와 Lev의 주장과는 달리, 본 연구는 전통적인 회계자료가 기업가치에 유의한 변수라는 가설을 지지한다고 볼 수 있다.

## <표 6-1> 기본적 Linear 모형의 회귀분석 결과

[Linear 모형]: $MV_{i,t} = \alpha_0 + \alpha_1 PIBV_{i,t} + \alpha_2 CNI_{i,t} + \alpha_3 NgCNI_{i,t}$
$$+ \sum_{k=1998}^{2001} \beta_k DY_{k,t} + \varepsilon_{i,t}$$

| 구 분 \\ 변 수 | 전체표본기업 | | CNI≥0인 경우 | | CNI<0인 경우 | |
|---|---|---|---|---|---|---|
| | 추정계수 | t-값 | 추정계수 | t-값 | 추정계수 | t-값 |
| Intercept | −2,721 | −0.42 | −6,260 | −0.41 | 15,136 | 0.57 |
| PIBV | 0.584 | 5.93* | 0.451 | 3.35* | 0.756 | 5.89* |
| CNI | 6.849 | 10.62* | 7.438 | 9.94* | − | − |
| NgCNI | −7.205 | −6.37* | − | − | 0.567 | 0.72 |
| D1998 | −5,905 | −0.35 | −2,792 | −0.14 | −19,173 | −0.60 |
| D1999 | 101,331 | 6.40* | 101,617 | 5.71* | 128,437 | 3.64* |
| D2000 | 5,326 | 0.35 | 8,641 | 0.51 | −6,399 | −0.21 |
| D2001 | 25,221 | 1.71 | 31,175 | 1.83* | 4,592 | 0.16 |
| $adj\ R^2$ | 0.272 | | 0.266 | | 0.312 | |
| F−value | 69.28* | | 63.10* | | 9.83* | |
| N | 1,281 | | 1,031 | | 250 | |

주 1) $MV_{i,t}$ : t기말 3개월 이후의 보통주 시장가치, $PIBV_{i,t}$ : 자기자본 장부가
　　　치($BV_{i,t}$)−당기순이익($NI_{i,t}$),　$CNI_{i,t}$ :　당기순이익($NI_{i,t}$)−특별손익
　　　($SPEC_{i,t}$)으로 CNI≥0일 경우, $NgCNI_{i,t}$ : CNI<0일 경우.
주 2) *는 5% 수준에서 유의함.

# 1.2 기본적 Log-Linear 모형의 회귀분석 결과

　　<표 6-2>는 코스닥기업의 기본적 Log-Linear 모형 식 (4-9)의 회
귀분석 결과를 나타내고 있다. CNI≥0인 경우와 CNI<0인 경우를 통
합하여 분석한 모형을 살펴보면, 로그 변환된 이익가산 전 순자산
장부가액(LPIBV)과 로그 변환된 특별항목 차감 전 순이익(LCNI)이

주가와 유의한 양(+)의 관계를 보인 반면에, 로그 변환된 특별항목 차감 전 순손실(LNgCNI)은 주가와 유의한 음(-)의 관계를 나타내고 있다.

본 연구는 주가와의 음수(-)가격 관계를 나타낸 것은 초창기 성장기업이 시장에 빠르게 침투하기 위하여 연구개발비 등의 무형자산에 막대한 투자했기 때문에 나타난 것으로 이해하고, 주식시장은 이에 긍정적인 영향을 미칠 것으로 본다.

주가설명력을 나타내 주는 $adj\ R^2$의 값은 Log-Linear 회귀분석모형의 전체표본기업이 0.520으로 나타내고 있다. 전체적인 회귀분석모형의 결과를 볼 때, 단순하게 재구성된 형태의 Ohlson의 Linear 모형보다 높게 나타내고 있어서 Log-Linear 모형이 Linear 모형보다 더 적합하다는 가설을 강하게 지지해주고 있다.

CNI가 양(+)인 기업의 경우만을 분리하여 살펴보면, Log-Linear 모형에서 로그 변환된 이익가산 전 순자산 장부가액(LPIBV)과 로그 변환된 특별항목 차감 전 순이익(LCNI)이 주가와 유의한 양(+)의 관계를 보였고, CNI가 음(-)인 경우에서는 로그 변환된 특별항목 차감 전 순이익(LCNI)이 주가와 유의하지 않는 양(+)의 값을 보였다.

연도별로 보면 Linear 모형에서와 같이 1999년에는 전체모형에서 유의한 양(+)의 상관관계를 나타내었고, 그 외 연도에서는 부분적으로 음(-)을 값을 나타내고 있는데, 특히 1997년도 말에 겪은 IMF의 영향으로 말미암아 1998년에는 대부분 음(-)의 관계로 나타내고 있으나 통계적인 유의성은 거의 없었다.

CNI가 양(+)인 기업의 경우(혹은 CNI가 음(-)인 경우) 주가설명력을 나타내 주는 $adj\ R^2$의 값은 Log-Linear 회귀분석모형의 전체표본기업이 0.520(0.555)으로 나타내고 있어서 단순하게 재구성된 형태의 Ohlson의 Linear 모형보다는 Log-Linear 모형이 전반적으로 높게 나타내고 있다.

 본 연구에서 사용한 비선형 모형은 규모를 통제하지 않은(unscaled) 선형모형 혹은 디플레이트 된(deflated) 순자산 장부가액을 사용한 선형모형보다 가격결정 오차가 더 낮을 것이다.

 위에서 살펴본 모형에서 손실액이 발생한 경우에 음(−)의 값을 보였는데, 이것은 연구개발비 및 광고 선전비에 많은 투자를 했기 때문이라고 본다. 즉 성장기에 있는 기업은 시장점유율을 높이기 위하여 경영활동의 전략적 투자지출을 하기 때문에 이익을 내지 못한 기업이 이익을 낸 기업보다 판매, 마케팅활동 및 연구개발비와 같은 무형자산에 더 많이 지출할 것이다. 따라서 순이익을 분해하여 실증 분석한다면, 이와 관련된 비용의 주가는 순이익이 음(−)수일 때도 양(+)의 값을 나타낼 될 것이다.

 연도별 더미변수를 포함해서, 장부가액과 순이익에 관한 회계변수는 전체적으로 주가와 유의한 양(+)의 값을 보이고 있다.

 Linear 모형과 Log-Linear 모형에서 나타낸 회귀모형의 결과와 같이, 본 연구는 전통적인 회계자료가 기업가치에 유의한 변수라고 볼 수 있으며, 특히 기술성과 성장성을 추구하고 있는 코스닥기업의 경우에는 Linear 모형보다는 Log-Linear 모형이 더 적합하다는 [연구가설 1]을 지지한다고 볼 수 있다.

## <표 6-2> 기본적 Log-Linear 모형의 회귀분석 결과

[Log-Linear 모형]: $LMV_{i,t} = \alpha_0 + \alpha_1 LPIBV_{i,t} + \alpha_2 LCNI_{i,t} + \alpha_3 LNgCNI_{i,t} + \sum_{k=1998}^{2001} \beta_k DY_{k,t} + \varepsilon_{i,t}$

| 구 분 \ 변 수 | 전체표본기업 | | CNI≥0인 경우 | | CNI<0인 경우 | |
|---|---|---|---|---|---|---|
| | 추정계수 | t-값 | 추정계수 | t-값 | 추정계수 | t-값 |
| Intercept | 2.603 | 9.34* | 2.669 | 8.54* | 2.290 | 3.81* |
| LPIBV | 0.578 | 17.07* | 0.519 | 13.62* | 0.751 | 10.47* |
| LCNI | 0.185 | 7.99* | 0.244 | 9.22* | − | − |
| LNgCNI | −0.307 | −6.72* | − | − | 0.016 | 0.35 |
| D1998 | −0.302 | −2.68* | −0.170 | −1.38 | −0.825 | −3.14 |
| D1999 | 1.416 | 13.31* | 1.435 | 12.65* | 1.400 | 4.79* |
| D2000 | 0.659 | 6.39* | 0.675 | 6.08* | 0.529 | 2.06* |
| D2001 | 0.673 | 6.69* | 0.764 | 7.00* | 0.283 | 1.17 |
| $adj\ R^2$ | 0.525 | | 0.520 | | 0.555 | |
| F-value | 202.77* | | 187.20* | | 52.67* | |
| N | 1,281 | | 1,031 | | 250 | |

주 1) $MV_{i,t}$ : t기말 3개월 이후의 보통주 시장가치, $PIBV_{i,t}$ : 자기자본 장부가치($BV_{i,t}$)−당기순이익($NI_{i,t}$), $CNI_{i,t}$ : 당기순이익($NI_{i,t}$)−특별손익($SPEC_{i,t}$).
LMV=Log(MV+1), LPIBV=Log(PIBV+1), LCNI=Log(CNI+1): CNI≥0일 경우, NgCNI=−Log(−CNI+1): CNI<0일 경우.
주 2) *는 5% 수준에서 유의함.

# 제2절 이익구성항목에 의한 실증모형의 회귀분석 결과

## 2.1 전체표본기업에 대한 실증 분석 결과

### 2.1.1 단순상관분석 결과

다음의 실증 분석은 전체표본기업을 대상으로 한 순이익(CNI) 구성항목과 기업가치에 대한 모형식 (4-10)의 회귀분석 결과이다.

회귀분석모형에 포함된 Linear 모형 및 로그-변환된 변수들 간의 피어슨(Pearson)상관관계를 보면, <표 6-3>의 CNI가 양(+)인 기업의 경우, Linear 모형의 주가(MV)와 회계변수 간에 유의한 양(+)의 상관관계가 보이고 있으며 로그 변환된 주가와 로그 변환된 회계변수 간의 상관계수도 역시 유의한 양(+)의 관계를 가지고 있다. 특히, Linear 모형의 상관관계를 보면 특별손익 차감 전 순이익과 이익가산 전 순자산 장부가액 순으로 높은 상관성을 보이고 있으며, 광고 선전비는 주가와의 상관성이 가장 적게 나타내고 있다. 로그 변환된 상관관계를 살펴보면, 이익가산 전 순자산 장부가액(LPIBV)과 특별손익 차감 전 순이익(LCNI)이 주가(LMV)와 가장 높은 상관성을 나타내었고, 연구개발비와 광고 선전비의 경우에도 주가와 높은 상관관계를 보이고 있는 반면에, 매출수익(LREV)과 매출원가(LCGS)는 주가(LMV)와의 상관성이 가장 적게 나타내고 있다. 또한 연구개발비(LR&D)의 경우에는 매출원가(LCGS)와 음(-)의 상관관계를 나타내고 있다. 그러나 주가(LMV)와 순자산 장부가액(LPIBV)과의 상관계수 크기는 CNI가 음(-)인 기업이 CNI가 양(+)인 기업의 경우보다 더 크게 나타내고 있지만, 주가(LMV)와 특별손익 차감 전 순이익(LCNI) 간의 상관계수의 크기는 반대로 나타내고 있다.

### <표 6-3> 변수 간의 Pearson 상관계수

| 변수명 | CNI≥0인 기업, N=1,031 | | | | | | | | |
| --- | --- | --- | --- | --- | --- | --- | --- | --- | --- |
| | MV | PIBV | CNI | REV | CGS | GM | SGA | R&D | ADV |
| LMV | | 0.38 (0.00)* | 0.44 (0.00)* | 0.23 (0.00)* | 0.19 (0.00)* | 0.28 (0.00)* | 0.21 (0.00)* | 0.24 (0.00)* | 0.13 (0.00)* |
| LPIBV | 0.56 (0.00)* | | 0.67 (0.00)* | 0.70 (0.00)* | 0.63 (0.00)* | 0.73 (0.00)* | 0.62 (0.00)* | 0.21 (0.00)* | 0.25 (0.00)* |
| LCNI | 0.51 (0.00)* | 0.55 (0.00)* | | 0.65 (0.00)* | 0.54 (0.00)* | 0.78 (0.00)* | 0.63 (0.00)* | 0.19 (0.00)* | 0.31 (0.00)* |
| LREV | 0.21 (0.00)* | 0.574 (0.00)* | 0.50 (0.00)* | | 0.97 (0.00)* | 0.84 (0.00)* | 0.74 (0.00)* | 0.21 (0.00)* | 0.52 (0.00)* |
| LCGS | 0.13 (0.00)* | 0.49 (0.00)* | 0.40 (0.00)* | 0.97 (0.00)* | | 0.69 (0.00)* | 0.59 (0.00)* | 0.23 (0.00)* | 0.45 (0.00)* |
| LGM | 0.35 (0.00)* | 0.63 (0.00)* | 0.65 (0.00)* | 0.79 (0.00)* | 0.64 (0.00)* | | 0.94 (0.00)* | 0.11 (0.00)* | 0.57 (0.00)* |
| LSGA | 0.27 (0.00)* | 0.60 (0.00)* | 0.46 (0.00)* | 0.71 (0.00)* | 0.58 (0.00)* | 0.87 (0.00)* | | 0.06 (0.06) | 0.61 (0.00)* |
| LR&D | 0.40 (0.00)* | 0.23 (0.00)* | 0.20 (0.00)* | 0.03 (0.29) | −0.02 (0.41) | 0.18 (0.00)* | 0.14 (0.00)* | | 0.03 (0.31) |
| LADV | 0.40 (0.00)* | 0.38 (0.00)* | 0.34 (0.00)* | 0.19 (0.00)* | 0.07 (0.02)* | 0.46 (0.00)* | 0.51 (0.00)* | 0.33 (0.00)* | |

주 1) 각 변수의 정의는 <표 5-1>을 참조한다.
주 2) *는 5% 수준에서 유의함.
주 3) 1997-2001년 풀링(Pooling)자료임.
주 4) ( )는 p-값임.
주 5) 위의 삼각형 칸은 Linear, 아래 칸은 Log-Linear 모형에 관한 상관계수임.

<표 6-4>의 CNI가 음(−)인 경우도 역시 주가와 회계변수 간 상관관계는 유의수준에서 양(+)의 설명력을 보였다. 그러나 CNI와 각 변수 간의 관계는 유의한 음(−)의 관계를 보이고 있으며, 연구개발비(R&D) 및 광고 선전비(ADV)는 부분적으로 음(−)의 상관관계를 보이고 있다.

**<표 6-4> 변수 간의 Pearson 상관계수**

| 변수명 | CNI<0인 기업, N = 250 | | | | | | | | |
|---|---|---|---|---|---|---|---|---|---|
| | MV | PIBV | CNI | REV | CGS | GM | SGA | R&D | ADV |
| LMV | | 0.49 (0.00)* | −0.37 (0.00)* | 0.37 (0.00)* | 0.38 (0.00)* | 0.34 (0.00)* | 0.42 (0.00)* | 0.09 (0.15) | 0.16 (0.01)* |
| LPIBV | 0.63 (0.00)* | | −0.82 (0.00)* | 0.83 (0.00)* | 0.83 (0.00)* | 0.84 (0.00)* | 0.88 (0.00)* | 0.10 (0.10) | 0.27 (0.00)* |
| LCNI | −0.34 (0.00)* | −0.57 (0.00)* | | −0.70 (0.00)* | −0.71 (0.00)* | −0.67 (0.00)* | −0.75 (0.00)* | −0.13 (0.05)* | −0.22 (0.00)* |
| LREV | 0.20 (0.00)* | 0.43 (0.00)* | −0.24 (0.00)* | | 0.99 (0.00)* | 0.97 (0.00)* | 0.97 (0.00)* | −0.04 (0.49) | −0.01 (0.84) |
| LCGS | 0.17 (0.00)* | 0.39 (0.00)* | −0.23 (0.00)* | 0.96 (0.00)* | | 0.96 (0.00)* | 0.97 (0.00)* | −0.05 (0.48) | −0.01 (0.83) |
| LGM | 0.30 (0.00)* | 0.47 (0.00)* | −0.17 (0.00)* | 0.71 (0.00)* | 0.58 (0.00)* | | 0.98 (0.00)* | −0.04 (0.54) | 0.01 (0.87) |
| LSGA | 0.46 (0.00)* | 0.71 (0.00)* | −0.54 (0.00)* | 0.59 (0.00)* | 0.50 (0.00)* | 0.66 (0.00)* | | −0.01 (0.88) | 0.08 (0.23) |
| LR&D | 0.40 (0.00)* | 0.34 (0.00)* | −0.27 (0.00)* | −0.07 (0.29) | −0.09 (0.00)* | 0.05 (0.44) | 0.23 (0.00)* | | 0.10 (0.13) |
| LADV | 0.34 (0.00)* | 0.34 (0.00)* | −0.19 (0.00)* | −0.08 (0.24) | −0.14 (0.03) | 0.10 (0.13) | 0.29 (0.00)* | 0.43 (0.00)* | |

주 1) 각 변수의 정의는 <표 5-1>을 참조한다.
주 2) *는 5% 수준에서 유의함.
주 3) 1997-2001년 풀링(Pooling)자료임.
주 4) ( )는 p-값임.
주 5) 위의 삼각형 칸은 Linear, 아래 칸은 Log-Linear 모형에 관한 상관계수임.

## 2.1.2 Linear 모형의 회귀분석 결과

전체표본기업에서 CNI 구성요소를 포함하는 Linear 모형의 <표 6-5>의 CNI≥0인 경우와 CNI<0인 경우를 통합하여 회귀분석 한 결과와 연도별 통제를 위해 더미변수를 포함시킨 결과를 살펴보면, 이익가산 전 순자산 장부가액과 CNI는 유의한 양(+)의 설명력을 보이고 있는 반면에, NgCNI는 유의한 음(−)의 설명력을 나타내고 있다.

<표 6-6>의 CNI가 양(+)인 기업에서 이익가산 전 순자산 장부가액(PIBV)과 CNI는 기업가치에 유의한 양(+)의 설명력을 가지는 것으로 나타났다. 반면에 <표 6-7>의 CNI가 음(−)인 경우에는 이익가산 전 순자산 장부가액은 유의한 양(+)의 설명력을 가지나, CNI는 유의하지 않은 양(+)의 계수값을 보이고 있다.

CNI의 구성항목을 세분한 결과를 보면, <표 6-5>의 CNI≥0인 경우와 CNI<0인 경우를 통합한 전체표본기업의 결과는 매출원가와 판매비를 제외하고 모든 변수가 유의한 양(+)의 관계를 보이고 있다. 그리고 연도별 통제를 위해 더미변수를 포함시킨 결과는 1998년을 제외하고 주가와 양(+)의 설명력을 보였으며, 특히 1999년은 주가와 강한 양(+)의 설명력을 보이고 있다.

<표 6-6>의 CNI가 양(+)인 경우, [모형 2]에서 매출수익은 주가와 유의한 양(+)의 관계를 보인 반면, 매출원가와 판매비와 일반관리비는 유의수준에서 주가와 음(−)의 관계를 나타내었다. [모형 3]에서는 매출 총이익이 주가와 유의한 양(+)의 값을 나타내었고, 판매비와 일반관리비가 유의수준에서 주가와 음(−)의 관계를 보였다.

<표 6-5> 이익구성항목을 세분한 경우 MV를 종속변수로 한 회귀분석 결과

| 전체표본기업, N=1,281 | | | | | | |
|---|---|---|---|---|---|---|
| 구 분<br>변 수 | 모형 1 | | 모형 2 | | 모형 3 | |
| | 추정계수 | t-값 | 추정계수 | t-값 | 추정계수 | t-값 |
| Intercept | −2,721 | −0.20 | −1,364 | −0.10 | −6,076 | −0.44 |
| PIBV | 0.584 | 5.93* | 1.167 | 9.48* | 1.099 | 8.87* |
| CNI | 6.849 | 10.62* | − | − | − | − |
| NgCNI | −7.205 | −6.37* | 1.088 | 1.49 | 1.830 | 2.55* |
| REV | − | − | 1.714 | 3.81* | − | − |
| CGS | − | − | −1.980 | −4.11* | − | − |
| GM | − | − | − | − | 0.905 | 2.22* |
| SGA | − | − | −2.121 | −3.56* | −1.588 | −2.78* |
| R&D | − | − | 11.676 | 6.05* | 11.460 | 5.92* |
| ADV | − | − | 2.864 | 2.37* | 2.749 | 2.27* |
| D1998 | −5,905 | −0.35 | −3,732 | −0.22 | −3,310 | −0.19 |
| D1999 | 101,331 | 6.40* | 106,604 | 6.60* | 107,378 | 6.61* |
| D2000 | 5,326 | 0.35 | 5,002 | 0.32 | 6,393 | 0.41 |
| D2001 | 25,221 | 1.71 | 27,083 | 1.79 | 28,574 | 1.88 |
| $adj\ R^2$ | 0.272 | | 0.245 | | 0.236 | |
| F-value | 69.28* | | 38.67* | | 40.55* | |

주 1) 회귀식은 다음과 같고, 검증기간은 1997년부터 2001년까지임.

[모형 1]: $MV_{i,t} = \alpha_0 + \alpha_1 PIBV_{i,t} + \alpha_2 CNI_{i,t} + \alpha_3 NgCNI_{i,t} + \sum_{k=1998}^{2001} \beta_k DY_{k,t} + \varepsilon_{i,t}$

[모형 2]: $MV_{i,t} = \alpha_0 + \alpha_1 PIBV_{i,t} + \alpha_2 NgCNI_{i,t} + \alpha_3 REV_{i,t} + \alpha_4 CGS_{i,t} + \alpha_5 SGA_{i,t} + \alpha_6 R\&D_{i,t} + \alpha_7 ADV_{i,t} + \sum_{k=1998}^{2001} \beta_k DY_{k,t} + \varepsilon_{i,t}$

$$[\text{모형 } 3]:\ MV_{i,t} = \alpha_0 + \alpha_1\, PIBV_{i,t} + \alpha_2\, NgCNI_{i,t} + \alpha_3\, GM_{i,t} + \alpha_4\, SGA_{i,t} + \alpha_5\, R\&D_{i,t} + \alpha_6\, ADV_{i,t} + \sum_{k=1998}^{2001} \beta_k\, DY_{k,t} + \varepsilon_{i,t}$$

주 2) MV: 보통주 시장가치, PIBV: 이익가산 전 자기자본 장부가치(BV-NI), CNI: 특별항목 차감 전 순이익(NI-SPEC), NgCNI: CNI<0일 때, REV: 순매출액(매출수익), CGS: 매출원가, GM: 매출총이익, SGA: 판매비와 일반관리비(경상개발비와 광고 선전비는 제외함), R&D: 당기개발비(기말개발비-기초개발비+당기개발비상각액+당기경상개발비+제조원가명세서상의 개발비), ADV: 광고 선전비(손익계산서상의 광고 선전비+제조원가명세서상의 광고 선전비).

주 3) *는 5% 수준에서 유의함.

<표 6-7>의 CNI가 음(-)인 경우를 보면, [모형 2]에서는 매출원가와 판매비와 일반관리비가 주가와 유의한 양(+)의 관계를 보였으나, 매출수익이 주가와 유의성 있는 음(-)의 관계를 나타내었다.

주요 검증대상인 연구개발비 및 광고 선전비 지출액을 살펴보면, <표 6-6>의 경우 연구개발비가 주가와 유의한 양(+)의 설명력을 보였고, 광고 선전비는 유의하지 않은 양(+)의 관계를 보이고 있다.

<표 6-7>에서는 연구개발비가 주가와 유의하지 않은 양(+)의 관계를 보인 반면에, 광고 선전비는 주가와 통계적으로 유의하지 않은 음(-)의 관계를 보이고 있어서 상반적인 결과가 나왔다.

CNI≥0인 경우와 CNI<0인 경우를 통합한 전체표본기업의 Linear 모형의 설명력($adj\ R^2$)을 살펴보면 [모형 1]이 0.272, [모형 2]가 0.245, [모형 3]이 0.236을 나타내고 있으며, CNI가 음(-)인 기업의 설명력이 CNI가 양(+)인 설명력보다 조금 높게 나타내고 있다.

**<표 6-6> 이익구성항목을 세분한 경우 MV를 종속변수로 한 회귀분석 결과**

| CNI≥0인 기업, N=1,031 | | | | | | |
|---|---|---|---|---|---|---|
| 구 분 \ 변 수 | 모형 1 | | 모형 2 | | 모형 3 | |
| | 추정계수 | t-값 | 추정계수 | t-값 | 추정계수 | t-값 |
| Intercept | −6,260 | −0.41 | −4,212 | −0.16 | −14,527 | −0.92 |
| PIBV | 0.451 | 3.35* | 1.303 | 8.24* | 1.062 | 6.67* |
| CNI | 7.438 | 9.94* | − | − | − | − |
| REV | − | − | 3.174 | 6.08* | − | − |
| CGS | − | − | −3.720 | −6.62* | − | − |
| GM | − | − | − | − | 1.698 | 3.53* |
| SGA | − | − | −4.188 | −6.06* | −2.65 | −4.09* |
| R&D | − | − | 15.928 | 6.84* | 14.346 | 6.11* |
| ADV | − | − | 4.809 | 3.43* | 2.670 | 1.93 |
| D1998 | −2,792 | −0.14 | 2,379 | 0.12 | 3,436 | 0.17 |
| D1999 | 101,617 | 5.70* | 107,201 | 5.99* | 109,035 | 5.98* |
| D2000 | 8,641 | 0.50 | 9,524 | 0.55 | 12,221 | 0.69 |
| D2001 | 31,175 | 1.83 | 39,616 | 2.32* | 40,135 | 2.31* |
| $adj\ R^2$ | 0.266 | | 0.266 | | 0.238 | |
| F-value | 63.10* | | 38.38* | | 36.78* | |

주 1) 회귀식과 변수의 정의 등은 <표 6-5>를 참조한다.
주 2) *는 5% 수준에서 유의함.

<표 6-7> 이익구성항목을 세분한 경우 MV를 종속변수로 한 회귀분석 결과

| CNI<0인 기업, N=250 | | | | | | |
|---|---|---|---|---|---|---|
| 구 분<br>변 수 | 모형 1 | | 모형 2 | | 모형 3 | |
| | 추정계수 | t-값 | 추정계수 | t-값 | 추정계수 | t-값 |
| Intercept | 15,136 | 0.57 | 12,477 | 0.49 | 12,755 | 0.51 |
| PIBV | 0.756 | 5.89* | 0.730 | 4.44* | 0.728 | 4.45* |
| CNI | 0.567 | 0.72 | − | − | − | − |
| REV | − | − | −4.326 | −5.58* | − | − |
| CGS | − | − | 4.341 | 5.31* | − | − |
| GM | − | − | − | − | −4.319 | −5.61* |
| SGA | − | − | 5.187 | 4.12* | 5.240 | 4.94* |
| R&D | − | − | 2.526 | 0.85 | 2.508 | 0.85 |
| ADV | − | − | −13.335 | −0.73 | −13.463 | −1.94 |
| D1998 | −19,173 | −0.60 | −21,964 | −0.73 | −21,896 | −0.73 |
| D1999 | 128,437 | 3.64* | 119,616 | 3.58* | 119,484 | 3.59* |
| D2000 | −6,399 | −0.21 | −6,363 | −0.22 | −6,485 | −0.22 |
| D2001 | 4,592 | 0.16 | −20,801 | −0.76 | −20,939 | −0.77 |
| $adj\ R^2$ | 0.312 | | 0.386 | | 0.389 | |
| F-value | 19.82* | | 16.65* | | 18.58* | |

주 1) 회귀식과 변수의 정의 등은 <표 6-5>를 참조한다.
주 2) *는 5% 수준에서 유의함.

### 2.1.3 Log-Linear 모형의 회귀분석 결과

전체표본기업의 CNI 구성요소를 포함하는 Log-Linear 모형의 회귀분석 결과를 살펴보면 <표 6-8>의 CNI≥0인 경우와 CNI<0인 경우를 통합하여 회귀분석 한 결과와 연도별 통제를 위해 더미변수를 포함시킨 결과를 살펴보면, Linear 모형에서와 같이 이익가산 전 순자산 장부가액과 CNI는 유의한 양(+)의 설명력을 보이고 있는 반면에, NgCNI는 유의한 음(−)의 설명력을 나타내고 있다.

CNI의 구성항목을 분해한 결과를 보면, [모형 2]에서는 매출원가와 판매비를 제외하고 모든 변수가 유의한 양(+)의 관계를 보였고, [모형 3]에서는 판매비를 제외하고 유의한 양(+)의 설명력을 나타내고 있다. 그리고 연도별 통제를 위해 더미변수를 포함시킨 결과는 1998년을 제외하고 주가와 양(+)의 설명력을 보였으며, 특히 1999년은 주가와 강한 양(+)의 설명력을 보이고 있다.

<표 6-9>의 CNI가 양(+)인 경우는 Linear 모형의 검증결과와 마찬가지로 이익가산 전 순자산 장부가액(LPIBV)과 CNI는 기업가치에 유의한 양(+)의 설명력을 가지는 것으로 나타났다. 반면에 <표 6-10>의 CNI가 음(−)인 경우를 보면, 이익가산 전 순자산 장부가액은 유의한 양(+)의 설명력을 가지나, CNI는 유의하지 않은 양(+)의 계수값을 보이고 있다.

CNI의 구성요소를 분해한 결과를 살펴보면, <표 6-9>의 CNI가 양(+)인 경우, [모형 2]에서 매출수익은 주가와 유의한 양(+)의 관계를 보인 반면, 매출원가와 판매비와 일반관리비는 유의수준에서 주가와 음(−)의 관계를 나타내었다. [모형 3]에서는 매출총이익이 주가와 유의한 양(+)의 값을 나타내었고, 판매비와 일반관리비가 유의수준에서 주가와 음(−)의 관계를 보였다.

<표 6-8> 이익구성항목을 세분한 경우 LMVE를 종속변수로 한 회귀분석 결과

| | 전체표본기업, N=1,281 | | | | | |
| | 모형 1 | | 모형 2 | | 모형 3 | |
| 구 분<br>변 수 | 추정계수 | t-값 | 추정계수 | t-값 | 추정계수 | t-값 |
|---|---|---|---|---|---|---|
| Intercept | 2.603 | 9.34* | 3.140 | 10.29* | 3.212 | 11.37* |
| LPIBV | 0.578 | 17.07* | 0.670 | 18.12* | 0.621 | 16.96* |
| LCNI | 0.185 | 7.99* | — | — | — | — |
| NgCNI | −0.307 | −6.72* | 0.040 | 4.88* | 0.028 | 3.10* |
| LREV | — | — | 0.568 | 4.45* | — | — |
| LCGS | — | — | −0.491 | −4.76* | — | — |
| LGM | — | — | — | — | 0.228 | 5.41* |
| LSGA | — | — | −0.196 | −4.40* | −0.287 | −6.24* |
| LR&D | — | — | 0.091 | 10.67* | 0.092 | 10.82* |
| LADV | — | — | 0.063 | 4.94* | 0.073 | 5.92* |
| D1998 | −0.302 | −2.68* | −0.217 | −2.03* | −0.195 | −1.83 |
| D1999 | 1.415 | 13.31* | 1.418 | 14.04* | 1.477 | 14.44* |
| D2000 | 0.658 | 6.39* | 0.565 | 5.74* | 0.611 | 6.25* |
| D2001 | 0.764 | 7.00* | 0.641 | 6.65* | 0.698 | 7.27* |
| $adj\ R^2$ | 0.525 | | 0.578 | | 0.581 | |
| F-value | 202.77* | | 159.98* | | 174.78* | |

주 1) 회귀식은 다음과 같고, 검증기간은 1997년부터 2001년까지임.

[모형 1]: $LMV_{i,t} = a_0 + a_1\,LPIBV_{i,t} + a_2\,LCNI_{i,t} + a_3\,LNgCNI_{i,t} + \sum_{k=1998}^{2001} \beta_k\,DY_{k,t} + \varepsilon_{i,t}$

[모형 2]: $LMV_{i,t} = a_0 + a_1\,LPIBV_{i,t} + a_2\,LNgCNI_{i,t} + a_3\,LREV_{i,t} + a_4\,LCGS_{i,t} + a_5\,LSGA_{i,t} + a_6\,LR\&D_{i,t} + a_7\,LADV_{i,t} + \sum_{k=1998}^{2001} \beta_k\,DY_{k,t} + \varepsilon_{i,t}$

$$[\text{모형 } 3]: LMV_{i,t} = \alpha_0 + \alpha_1 LPIBV_{i,t} + \alpha_2 LNgCNI_{i,t} + \alpha_3 LGM_{i,t}$$
$$+ \alpha_4 LSGA_{i,t} + \alpha_5 LR\&D_{i,t} + \alpha_6 LADV_{i,t} + \sum_{k=1998}^{2001} \beta_k DY_{k,t} + \varepsilon_{i,t}$$

주 2) LMV=Log(MV+1), LPIBV=Log(PIBV+1), LCNI=Log(CNI+1): CNI≥ 0일 경우,
　　　LCNI=−Log(−CNI+1):　CNI<0일　경우,　LREV=Log(REV+1), LCGS=Log(CGS+1),
　　　LGM=Log(GM+1),　　LSGA=Log(SGA+1),　　LR&D=Log(R&D+1), LADV=Log(ADV+1).
주 3) *는 5% 수준에서 유의함.

<표 6-10>의 CNI가 음(−)인 경우는 [모형 2]에서는 매출원가와 판매비와 일반관리비가 주가와 양(+)의 관계를 보였으나, 매출수익이 주가와 유의성 없는 음(−)의 관계를 나타내었다.

[모형 3]에서는 매출총이익이 주가와 양(+)의 관계를 보였고, 판매관리비가 주가와 음(−)의 관계를 가지나 설명력이 없는 것으로 나타내고 있었다.

주요 검증대상인 연구개발비 및 광고 선전비 지출액에 대한 주가 추정치를 살펴보면 <표 6-9>의 CNI가 양(+)인 기업의 경우는 연구개발비와 광고 선전비 지출액이 주가와 유의한 양(+)의 설명력을 나타내었다. 그러나 <표 6-10>의 CNI가 음(−)인 기업의 경우에서는 연구개발비는 주가와 유의한 양(+)의 관계를 나타내고 있지만, 광고 선전비는 유의하지 않은 양(+)의 값을 나타내었다.

전체표본기업의 Log-Linear 모형의 주가 설명력($adj\ R^2$)을 살펴보면 CNI가 양(+)인 기업의 경우와 CNI가 음(−)인 경우의 모두가 설명력($adj\ R^2$)이 높게 나타내었고, Linear 모형과 살펴볼 때 전체적으로 크게 증가하였음을 알 수 있다.

이러한 결과를 종합해 보면, 코스닥기업에서는 Linear 모형보다는 Log-Linear 모형이 더 적절함을 알 수 있으며, CNI를 이익구성항목으로 분해하여 다른 변수로 대체함으로써 모형의 설명력은 전반적으로 훨씬 더 증가하였음을 발견할 수 있다.

118

따라서 Log-Linear 모형에서 이익구성항목으로 세분된 정보는 이익정보에 비하여 기업가치 설명력이 높다는 [연구가설 2-1]을 지지하며, 연구개발비와 광고 선전비 지출액도 역시 기업가치에 유의한 설명력을 보여 [연구가설 2-2]를 지지하는 것으로 나타났다. 이익구성항목을 분해하여 살펴본 연구개발비가 주가와 유의한 양(+)의 관계를 나타내고 있는데, 이것은 인터넷 및 정보통신 중심의 기술개발이 활발한 코스닥기업의 특성상 무형자산에 막대하게 투자하기 때문인 것으로 보고 자본시장에서는 이를 긍정적으로 반응할 것이라는 예측을 지지하는 바이다.

포괄적으로 연도별 더미변수의 추정계수를 보면, 1999년도에는 전체모형에서 유의한 양(+)의 설명력을 나타낸 것과는 대조적으로, 1998에는 대부분이 유의한 음(−)의 관계를 나타내고 있는데, 이것은 1997년 IMF 외환위기 이후에 불안정한 시기의 가격을 반영해 주는 것이라고 생각한다. 2000년도와 2001년의 경우는 Linear 모형에서 부분적으로 음(−)의 가격을 보이고 있으며, Log-Linear 모형에서도 CNI가 음(−)인 경우 부분적으로 음수(−)가격 관계를 나타내고 있고, 전체적으로 볼 때 모형설정에서 다중공선성의 문제가 약간 있을 수도 있다.

<표 6-9> 이익구성항목을 세분한 경우 LMVE를 종속변수로
한 회귀분석 결과

| CNI≥0인 기업, N=1,031 | | | | | |
| --- | --- | --- | --- | --- | --- |
| 구 분 / 변 수 | 모형 1 | | 모형 2 | | 모형 3 | |
| | 추정계수 | t-값 | 추정계수 | t-값 | 추정계수 | t-값 |
| Intercept | 2.669 | 8.54* | 3.245 | 9.40* | 3.394 | 10.64* |
| LPIBV | 0.519 | 13.62* | 0.654 | 16.05* | 0.609 | 15.28* |
| LCNI | 0.243 | 9.22* | − | − | − | − |
| LREV | − | − | 0.847 | 5.30* | − | − |
| LCGS | − | − | −0.696 | −5.61* | − | − |
| LGM | − | − | − | − | 0.331 | 5.58* |
| LSGA | − | − | −0.311 | −5.89* | −0.424 | −7.48* |
| LR&D | − | − | 0.092 | 10.02* | 0.092 | 10.07* |
| LADV | − | − | 0.085 | 5.99* | 0.097 | 7.16* |
| D1998 | −0.170 | −1.38 | −0.050 | −0.43 | −0.041 | −0.35 |
| D1999 | 1.435 | 12.65* | 1.450 | 13.64* | 1.477 | 13.92* |
| D2000 | 0.675 | 6.08* | 0.597 | 5.70* | 0.629 | 6.01* |
| D2001 | 0.764 | 7.00* | 0.747 | 7.25* | 0.794 | 7.72* |
| $adj\ R^2$ | 0.520 | | 0.584 | | 0.584 | |
| F-value | 187.20* | | 145.43* | | 161.59* | |

주 1) 회귀식과 변수의 정의 등은 <표 6-8>을 참조한다.
주 2) *는 5% 수준에서 유의함.

<표 6-10> 이익구성항목을 세분한 경우 LMVE를 종속변수로
한 회귀분석 결과

| CNI<0인 기업, N=250 | | | | | | |
| --- | --- | --- | --- | --- | --- | --- |
| 구 분 / 변 수 | 모형 1 | | 모형 2 | | 모형 3 | |
| | 추정계수 | t-값 | 추정계수 | t-값 | 추정계수 | t-값 |
| Intercept | 2.290 | 3.81* | 2.576 | 3.88* | 2.649 | 4.27* |
| LPIBV | 0.751 | 10.47* | 0.669 | 7.81* | 0.634 | 6.98* |
| LCNI | 0.015 | 0.35 | − | − | − | − |
| LREV | − | − | −0.104 | −0.45 | − | − |
| LCGS | − | − | 0.100 | 0.48 | − | − |
| LGM | − | − | − | − | 0.074 | 1.20 |
| LSGA | − | − | 0.008 | 0.09 | −0.043 | −0.48 |
| LR&D | − | − | 0.089 | 4.10* | 0.091 | 4.18* |
| LADV | − | − | 0.010 | 0.33 | −0.003 | −0.11 |
| D1998 | −0.825 | −3.14* | −0.757 | −2.98* | −0.72 | −2.90* |
| D1999 | 1.400 | 4.79* | 1.450 | 5.07* | 1.445 | 5.17* |
| D2000 | 0.529 | 2.06* | 0.450 | 1.77 | 0.532 | 2.13* |
| D2001 | 0.283 | 1.17 | 0.153 | 0.62 | 0.235 | 0.96 |
| $adj\ R^2$ | 0.555 | | 0.583 | | 0.586 | |
| F-value | 52.67* | | 35.76* | | 36.38* | |

주 1) 회귀식과 변수의 정의 등은 <표 6-8>을 참조한다.
주 2) *는 5% 수준에서 유의함.

# 제3절 연구개발비의 기업가치 관련성 검증에 대한 회귀분석 결과

다음의 회귀분석은 연구개발비에 대한 추가적인 검증으로 자산으로 계상된 연구개발비와 비용으로 계상된 연구개발비가 기업가치에 유의한 변수인지에 대한 검증을 하기 위한 모형식의 결과이다. 즉 현행 기업회계기준에서 자산으로 처리하고 있는 연구개발비(AR&D)와 비용으로 처리하고 있는 연구개발비(EXR&D)지출액이 코스닥기업의 가치를 증대시킬 것이라는 관점에서 설정된 모형의 결과이며, 역시 Linear 모형과 Log-Linear 모형을 비교하여 분석하였다.

## 3.1 Linear 모형의 회귀분석 결과

Linear 모형에서 <표 6-11>의 CNI≥0인 경우와 CNI<0인 경우를 통합하여 분석한 전체표본기업의 결과를 보면, 자산으로 처리된 연구개발비와 비용으로 처리된 연구개발비는 주가와 양(+)의 관계를 나타내고 있다. 또한 판매비와 관리비를 제외한 모든 변수가 주가와 유의한 양(+)의 설명력을 나타내고 있다.

CNI가 양(+)인 기업에서도 역시 자산으로 처리된 연구개발비와 비용으로 처리된 연구개발비가 주가와 유의한 양(+)의 관련성이 있는 것으로 밝혀졌다.

미래 불확실성이 높으며, 또한 고수익, 고성장을 향한 신기술, 신개발 중심의 코스닥 벤처기업은 인터넷, 정보기술 업종이 대다수이므로 연구개발투자가 활발할 것이다. 따라서 연구개발을 위한 투자지출액은 기업가치와 유의한 관련이 있을 것이라고 예상하고 검증하였는데, Linear 모형의 회귀분석 결과는 연구개발비의 기업가치 관련성이 입증되었다.

122

<표 6-11> MV를 종속변수로 한 R&D 검증의 회귀분석 결과

| R&D의 기업가치 관련성 검증(Linear) | | | | | | |
|---|---|---|---|---|---|---|
| 구 분<br>변 수 | 전체표본기업 | | CNI≥0인 경우 | | CNI<0인 경우 | |
| | 추정계수 | t-값 | 추정계수 | t-값 | 추정계수 | t-값 |
| Intercept | −4,731 | −0.34 | −12,919 | −0.82 | 13,132 | 0.53 |
| PIBV | 1.142 | 9.21* | 1.117 | 7.01* | 0.736 | 4.47* |
| NgCNI | 2.082 | 2.89* | − | − | − | − |
| GM | 0.668 | 1.62 | 1.372 | 2.81* | −4.318 | −5.61* |
| SGA | −1.327 | −2.31* | −2.321 | −3.55* | 5.223 | 4.91* |
| AR&D | 5.640 | 2.19* | 7.232 | 2.26* | 1.115 | 0.30 |
| EXR&D | 23.660 | 5.80* | 29.407 | 5.68* | 5.550 | 0.98 |
| ADV | 2.726 | 2.26* | 2.743 | 1.99* | −13.439 | −1.94 |
| D1998 | −5,248 | −0.03 | −41,219 | −0.002 | −21,655 | −0.72 |
| D1999 | 104,517 | 6.45* | 105,940 | 5.83* | 118,630 | 3.56* |
| D2000 | 4,179 | 0.27 | 9,513 | 0.54 | −6,956 | −0.24 |
| D2001 | 24,637 | 1.63 | 36,484 | 2.10* | −22,622 | −0.83 |
| $adj\ R^2$ | 0.242 | | 0.245 | | 0.387 | |
| F-value | 38.22* | | 34.48* | | 16.72* | |
| N | 1,281 | | 1,031 | | 250 | |

주 1) [모형 3-1]: $MV_{i,t} = \alpha_0 + \alpha_1 PIBV_{i,t} + \alpha_2\ NgCNI_{i,t} + \alpha_3\ GM_{i,t}$
$+ \alpha_4\ SGA_{i,t} + \alpha_5\ AR\&D_{i,t} + \alpha_6\ EXR\&D_{i,t} + \alpha_7\ ADV_{i,t}$
$+ \sum_{k=1998}^{2001} \beta_k\ DY_{k,t} + \varepsilon_{i,t}$

주 2) MV: 보통주 시장가치, PIBV: 이익가산 전 자기자본 장부가치(자기자본 장부가치−당기순이익), CNI: 특별항목 차감 전 순이익(당기순이익−특별손익), NgCNI: CNI<0일 때, GM: 매출총이익, SGA: 판매관리비(경상개발비와 광고 선전비는 제외함), AR&D: 자산으로 처리된 연구개발비, EXR&D: 비용으로 처리된 연구개발비, ADV: 광고 선전비.

주 3) *는 5% 수준에서 유의함.

그러나 CNI가 음(−)인 기업의 경우를 보면, 자산으로 처리되는 연구개발비와 비용으로 처리된 연구개발비가 주가와 양(+)의 관계를 보였으나 유의성이 적었고, 광고비의 경우엔 주가와 음(−)의 관계를 나타내고 있었다.

## 3.2 Log-Linear 모형의 회귀분석 결과

Log-Linear 모형의 회귀분석 결과를 보면, 자산으로 처리한 연구개발비와 비용으로 처리 되는 연구개발비는 <표 6-12>의 CNI≥0인 경우와 CNI<0인 경우를 통합하여 분석한 전체표본기업의 결과에서 로그 변환된 연구개발비 변수는 자산으로 처리된 연구개발비와 비용으로 처리된 연구개발비가 모두 주가와 유의한 양(+)의 설명력을 나타내고 있다.

이 같은 결과를 보면 기업은 연구개발에 막대한 투자를 함으로써 미래의 현금흐름 및 이익을 증가시키기 위해 노력할 것이고, 이것은 곧 기업가치의 증가를 가져올 것이라는 예측이 Log-Linear 모형에서 일치한다.

현행 기업회계기준에 의하면 기업의 연구 활동과 관련된 비용은 미래에 예상되는 경제적 효익이 불확실하여 기간비용으로 처리하고, 개발활동과 관련된 비용은 특정요건이 충족할 경우에는 개발비로 계상하여 무형자산으로 처리하며, 이외의 경우에는 기간비용으로 처리하도록 하고 있는데, 본 연구에서 연구개발과 관련된 투자지출액을 분리하여 기업가치에 미치는 영향을 각각 검증한 결과를 보면, 자산으로 처리된 연구개발비와 비용으로 처리된 연구개발비는 주가와 유의한 영향을 미치는 변수이므로 연구개발비에 대한 자산성이 지지된다고 볼 수 있다.

이와는 별도로 광고 선전비와 같은 무형의 투자지출액도 전체표본기업에서 주가와 유의한 양(+)의 영향을 미치는 것으로 나타내

124

고 있으며, 연구개발비와 광고 선전비를 제외한 판매비와 일반관리
비는 주가추정치가 유의한 음(-)의 영향을 미치는 것으로 나타내
고 있다.

<표 6-12> LMV를 종속변수로 한 R&D 검증의 회귀분석 결과

| R&D의 기업가치 관련성 검증(Log-Linear) | | | | | | |
|---|---|---|---|---|---|
| 구 분<br><br>변 수 | 전체표본기업 | | CNI≥0인 경우 | | CNI<0인 경우 | |
| | 추정계수 | t-값 | 추정계수 | t-값 | 추정계수 | t-값 |
| Intercept | 3.169 | 11.22* | 3.323 | 10.37* | 2.736 | 4.42* |
| LPIBV | 0.612 | 16.72* | 0.601 | 15.04* | 0.607 | 6.65* |
| NgCNI | 0.028 | 3.12* | − | − | − | − |
| LGM | 0.253 | 5.99* | 0.368 | 6.13* | 0.085 | 1.38 |
| LSGA | −0.290 | −6.31* | −0.435 | −7.67* | −0.029 | −0.33 |
| LAR&D | 0.076 | 9.79* | 0.075 | 8.94* | 0.086 | 4.35* |
| LEXR&D | 0.033 | 4.05* | 0.036 | 4.08* | 0.016 | 0.81 |
| LADV | 0.075 | 6.12* | 0.098 | 7.25* | 0.005 | 0.16 |
| D1998 | −0.200 | −1.88 | −0.047 | −0.40 | −0.723 | −2.92* |
| D1999 | 1.461 | 14.60* | 1.489 | 14.04* | 1.488 | 5.33* |
| D2000 | 0.617 | 6.32* | 0.635 | 6.07* | 0.544 | 2.19* |
| D2001 | 0.699 | 7.29* | 0.794 | 7.72* | 0.259 | 1.06 |
| $adj\ R^2$ | 0.582 | | 0.585 | | 0.591 | |
| F-value | 159.92* | | 146.17* | | 33.53* | |
| N | 1,281 | | 1,031 | | 250 | |

주 1) [모형 3-2]: $LMV_{i,t} = \alpha_0 + \alpha_1 LPIBV_{i,t} + \alpha_2 LNgCNI_{i,t} + \alpha_3 LGM_{i,t} + \alpha_4 LSGA_{i,t} + \alpha_5 LAR\&D_{i,t} + \alpha_6 LEXR\&D_{i,t} + \alpha_7 ADV_{i,t} + \sum_{k=1998}^{2001} \beta_k DY_{k,t} + \varepsilon_{i,t}$

주 2) 변수의 정의는 <표 6-11>을 참조한다.

주 3) LMV= Log(MV+1), LPIBV=Log(PIBV+1), LCNI=Log(CNI+1): CNI≥0일 경우,
LCNI=−Log(−CNI+1): CNI<0일 경우, LGM=Log(GM+1), LSGA=Log(SGA+1),
LAR&D=Log(AR&D+1), LEXR&D=Log(EXR&D+1), LADV=Log (ADV+1).

주 4) *는 5% 수준에서 유의함.

CNI가 양(+)인 기업의 경우에도 연구개발비 계수값이 유의수준에서 주가와 양(+)의 관계를 보였다.

CNI가 음(−)인 기업의 경우에서는 자산으로 처리한 연구개발비는 주가와 전반적으로 유의한 양(+)의 설명력을 보였으나, 비용으로 처리된 연구개발비는 주가와 양(+)의 관계를 보였지만 설명력이 없게 나타났다. 광고 선전비의 경우에 있어서도 전체표본기업과 CNI가 양(+)인 기업이 주가와 유의한 양(+)의 관련성이 있는 것으로 나타났으며, 다만 CNI가 음(−)인 기업의 경우는 유의성 없는 양(+)의 관계를 보였다.

위와 같은 결과를 종합해 보면, Linear 모형에서는 CNI가 양(+)인 경우에는 자산으로 처리된 연구개발비와 비용으로 처리된 연구개발비는 주가 추정치가 유의하였고, CNI가 음(−)인 경우에는 주가와의 관련성이 적은 것으로 나타났다.

반면에, Log-Linear 모형에서는 전체적인 모형에서 자산으로 처리된 연구개발비와 비용으로 처리된 연구개발비가 대체적으로 기업가치와 유의한 양(+)의 관련성이 있는 것으로 나타내고 있어서 Linear 모형보다 연구개발비 지출액에 대한 자산성이 더 강하게 지지된다고 볼 수 있겠다.

위의 결과에서 보여준 바와 같이 Log-Linear 모형에서 연구개발비의 추정계수는 CNI가 양(+)인 경우와 음(−)인 경우가 둘 다 높게 나타났는데, 이것은 무형자산에 많은 금액을 투자하여 기업 손실을 가져오더라도 시장은 이를 반영해 긍정적인 영향을 준다고 볼 수 있다.

또한 연도별 더미변수에서 보는 바와 같이 우리나라에 IMF 외환위기를 겪은 1997년도를 제외한 전체연도에서의 주가 추정치는 대체적으로 유의한 양(+)의 값을 보이고 있으며, 더욱이 CNI가 음(−)인 경우에도 기업가치가 감소되지 않은 것으로 나타내고 있다.

주가 설명력($adj\ R^2$)에 있어서도 Log-Linear 모형이 아주 높게 나타내고 있으며, 이것은 Linear 모형과 비교해 볼 때 모형의 설명력이 약 2배 이상 증가했음을 알 수 있다.

끝으로, 단순한 형태로 재구성한 Ohlson의 Linear 모형을 사용하여 분석한 경우는 모수추정치가 대기업에 의해 민감하게 영향을 미칠 수 있다는 것을 알 수 있다.

그러나 Log-Linear 회귀분석은 극단치의 영향을 거의 받지 않기 때문에 비교 분석한 Linear 모형보다 더 작은 가격결정 오차를 산출한다고 할 수 있겠다.


# 제4절 비재무변수를 포함한 확장모형의 회귀분석 결과

## 4.1 비재무변수의 회귀분석 결과

본 절에서는 전통적인 재무정보에 추가하여 비재무정보가 기업가치에 유용한 관련성이 있는지를 검증한다. 이익창출에 대한 높은 기대와 아울러 높은 위험성을 수반하는 코스닥기업은 아직 체계화되지 않은 성장단계라서 기업의 가치를 적절히 평가한 연구가 미흡한 실정이다.

본 연구는 기본적인 재무정보인 이익가산 전 장부가액과 순이익정보 외에 이익항목구성 요소를 세분하여 기업가치를 평가하였는데 연구결과는 전통적인 재무정보가 코스닥기업의 가치를 유의하게 설명하는 것으로 밝혀졌다. 따라서 재무정보에다 비재무정보를 추가시킨다면 기업가치평가에 더 유익한 관련성이 있는지를 실증 분석한다.

최첨단 정보기술 및 지식기반의 코스닥기업에서는 기술개발을 위한 미래투자활동이 활발할 것이므로 전통적인 재무정보 이외에 미래 수익창출 능력을 반영하는데 비재무정보가 중요한 것이라 생각한다.

그러므로 본 연구는 비재무정보가 기업가치평가에 유의한지 검증하기 위하여 우선 비재무정보만을 대상으로 실증 분석해 본다.

코스닥기업에 대한 실증적 변수는 사업다각화 정도(보유 사업부 수), 시장점유율, 보상형 스톡옵션 부여율, 경영자의 보수(1인당 임원인건비), 내부자 지분율 등을 선택하였으며, 이들을 선택한 이유는 첫째, 기술성과 성장성을 중심으로 하는 코스닥기업에서는 미래 투자활동 및 수익성을 높게 올리기 위하여 시장 확대를 위한 다양한 사업다각화를 시도할 것이며, 아울러 시장점유율이 기업가치에 미치는 영향력이 클 것이라고 예측한다. 둘째, 보상형 스톡옵션 부여율은 아직 체계화 단계에 이르지 않은 기업이 우수한 인력을 확보하기 위하여 종업원 동기유발의 효과를 위하여 부여한 스톡옵션(주식매입선택권)이 기업가치평가에 유의한 영향을 줄 것이라 믿기 때문이다. 셋째, 기업은 경영자의 경영활동이 기업가치에 높은 영향을 미칠 것으로 보고 우수한 경영자를 영입하려고 노력할 것이다. 따라서 경영자의 보수는 경영능력에 비례할 것이므로, 1인당 임원인건비를 비재무변수로 선택하였다. 마지막으로, 내부자 지분율 변수는 설립된 지 얼마 안 된 코스닥기업은 창업자를 비롯한 특수 관계자의 지분율의 비중이 상당히 높을 것이므로, 이러한 내부자의 사적정보가 기업가치에 유의한 관련성이 있는지 검증하고자 선택하였다.

비재무정보에 대한 회귀분석 결과로 <표 6-13>의 Linear 모형에서는 시장점유율과 스톡옵션 부여율, 경영자의 보수가 코스닥기업 가치평가에 유의하게 나타난 반면에, 내부자 지분율의 변수는 기업가치평가에 관련성에 없는 것으로 밝혀졌다. 사업다각화 변수는 기업가치와 양(＋)의 상관관계가 있는 것으로 나타났지만 통계적인 유의성은 없었다. Log-Linear 모형에서는 사업다각화 변수가 주가와 양(+)의 영향을 미치나 통계적으로 유의하지 않았고, 시장점유율, 스톡옵션 부여율, 경영진의 보수(1인당 임원인건비) 등이 주가와 유의한 양(+)의 관계를 보였다.

반면에, 내부자 지분율 변수는 Linear 모형의 결과와 마찬가지로 기업가치에 유의하게 음(-)의 영향을 미치는 것으로 나타났다.

초창기 기업들은 막대한 투자개발과 광고비용 등으로 시장점유율을 높이려고 수익을 많이 올리려고 노력할 것이며, 기업은 초기 연구개발비 등의 무형자산에 많이 투자를 했기 때문에 수익을 많이 얻고도 손실액을 보고할 수 있다.

본 절에서는 코스닥기업의 가치 관련성 분석하는데 먼저 장부가액, 순이익과 같은 기본적인 재무자료 이외에 비재무정보를 추가로 증가시킬 경우 기업가치에 증분설명력이 있다는 것을 검증하기에 앞서, 비재무정보만으로 구성된 변수가 주가에 유의하다는 것을 검증하였다. 앞에서 논의한 바와 같이 Linear과 Log-Linear 모형에서 비재무변수가 예상과 일치하게 기업가치에 유의하였으나, 내부자 지분율은 기업가치에 관련성이 없는 것으로 나타났다.

## <표 6-13> 비재무변수만으로 구성된 회귀분석 결과

[Linear 모형]: 
$$MV_{i,t} = \alpha_0 + \alpha_1 DVFN_{i,t} + \alpha_2 MktSH_{i,t} + \alpha_3 OPTION_{i,t} + \alpha_4 MgtL_{i,t} + \alpha_5 InSH_{i,t} + \sum_{k=1998}^{2001} \beta_k DY_{k,t} + \varepsilon_{i,t}$$

[Log-Linear 모형]: 
$$LMV_{i,t} = \alpha_0 + \alpha_1 LDVFN_{i,t} + \alpha_2 LMktSH_{i,t} + \alpha_3 LOPTION_{i,t} + \alpha_4 LMgtL_{i,t} + \alpha_5 LInSH_{i,t} + \sum_{k=1998}^{2001} \beta_k DY_{k,t} + \varepsilon_{i,t}$$

| 구 분 / 변 수 | Linear 모형 | | 구 분 / 변 수 | Log-Linear 모형 | |
|---|---|---|---|---|---|
| | 추정계수 | t-값 | | 추정계수 | t-값 |
| Intercept | 31,114 | 1.75 | Intercept | 8.960 | 39.52* |
| DVFN | 901 | 0.27 | LDVFN | 0.084 | 1.03 |
| MktSH | 402 | 2.24* | LMktSH | 0.106 | 3.73* |
| OPTION | 8,544 | 4.46* | LOPTION | 0.407 | 7.43* |
| MgtL | 962 | 7.74* | LMgtL | 0.147 | 4.81* |
| InSH | −601 | −2.97* | LInSH | −0.056 | −1.01 |
| D1998 | −2,180 | −0.12 | D1998 | −0.216 | −1.64* |
| D1999 | 66,571 | 3.63* | D1999 | 1.268 | 7.97* |
| D2000 | −31,528 | −1.76 | D2000 | 0.616 | 3.86* |
| D2001 | −20,073 | −1.13* | D2001 | 0.559 | 3.48* |
| $adj\ R^2$ | 0.133 | | $adj\ R^2$ | 0.347 | |
| F-value | 22.86* | | F-value | 76.51* | |
| N | 1,281 | | N | 1,281 | |

주 1) $MV_{i,t}$ : t기말 3개월 이후의 보통주 시장가치, $DVFN_{i,t}$ : t기말 i기업의 보유 사업부 수, $MktSH_{i,t}$ : t기말 i기업의 추정 시장점유율, $OPTION_{i,t}$ : t기말 i기업의 보상형 스톡옵션 부여율, $MgtL_{i,t}$ : t기말 i기업의 1인당 임원인건비, $InSH_{i,t}$ : t기말 i기업의 내부자 지분율

주 2) *는 5% 수준에서 유의함.

연도별로 보면 1999년에는 전체모형에서 유의한 양(+)의 상관관계를 나타내었고, 그 외 연도에서는 부분적으로 음(−)을 값을 나타내고 있는데, 특히 1997년도 말에 겪은 IMF의 영향으로 말미암아 1998년에는 대부분 음(−)의 관계를 보였으나 통계적인 유의성은 없었다.

주가설명력을 나타내는 $adj \ R^2$을 보면 단순하게 재구성된 형태의 Ohlson의 Linear 모형에서 전체표본기업의 경우는 0.133으로 나타내었고, Log-Linear 모형에서는 0.347로 나타내고 있으나 전체적으로 볼 때 비재무정보만으로 구성된 변수는 재무정보를 실증 분석의 대상으로 했을 때보다 설명력이 크게 떨어지고 있다.

따라서 본 연구는 기업가치에 대한 재무정보의 설명력을 제대로 반영해 주는 것은 Log-Linear 모형이 적합하다고 보며, 재무정보에 추가적으로 비재무정보를 포함시킨다면 기업가치 설명력을 더 증가시키는 요인으로 상승작용을 할 것으로 예상한다.

## 4.2 기본적 Linear 모형과 Log-Linear 모형에 비재무정보를 포함시켰을 때의 회귀분석 결과 비교

코스닥기업의 가치평가를 함에 있어서 기본적인 재무정보와 비재무정보의 관련성을 검증하기 위하여 추정한 모형식에 대한 결과는 <표 6-14>에 제시되어 있다.

선행연구 및 앞서 논의 된 바와 같이 순자산 장부가액과 순이익 등과 같은 기본적인 재무정보는 기업가치와 유의한 양(+)의 영향을 미치는 것으로 나타났다.

Amir와 Lev는 순자산 장부가액(BV), 순이익(earnings), 현금흐름(cash flow)과 같은 재무정보가 주가의 횡단성 변동을 설명하는데 부적합하다고 보고 비재무정보의 유의성을 주장하였는데, 본 연구는 전통적인 재무정보가 기업가치에 유의한 정보라고 보며, 아울러 비재무정보를 포함시킨다면 기업가치 설명력이 추가적으로 증가할 것으로 예상하고 이를 실증 분석하였다.

<표 6-14>의 Linear 모형을 보면, 코스닥기업에서 기본적 재무정보 변수인 이익가산 전 장부가액(PIBV)과 특별손익 차감 전 순이익(CNI)이 주가와 유의한 양(+)의 설명력이 있었고, 순손실(NgCNI)은 유의한 음(-)의 관계를 미치는 것으로 나타났다.

재무정보를 포함하여 회귀분석 한 비재무정보에서는 시장점유율, 스톡옵션 부여율, 경영자의 보수가 유의한 양(+)의 설명력을 보였고, 다각화 정도(보유 사업부 수)의 변수가 유의하지 않은 양(+)의 관계를 나타낸 반면, 내부자 지분율은 유의한 음(-)의 설명력을 나타내고 있다.

전체적으로 보면, 선택된 비재무정보가 거의 다 기업가치에 유의한 변수로 나타낸 반면에, 내부자 지분율 변수는 코스닥기업가치평가에 유의하지 않은 변수라는 것을 알 수 있다.

<표 6-14> 기본적 모형과 비재무변수의 회귀분석 결과

[Linear 모형]: $MV_{i,t} = \alpha_0 + \alpha_1 PIBV_{i,t} + \alpha_2 CNI_{i,t} + \alpha_3 NgCNI_{i,t} + \alpha_4 DVFN_{i,t} + \alpha_5 MktSH_{i,t} + \alpha_6 OPTION_{i,t} + \alpha_7 MgtL_{i,t} + \alpha_8 InSH_{i,t} + \sum_{k=1998}^{2001} \beta_k DY_{k,t} + \varepsilon_{i,t}$

[Log-Linear 모형]: $LMV_{i,t} = \alpha_0 + \alpha_1 LPIBV_{i,t} + \alpha_2 LCNI_{i,t} + \alpha_3 LNgCNI_{i,t} + \alpha_4 LDVFN_{i,t} + \alpha_5 LMktSH_{i,t} + \alpha_6 LOPTION_{i,t} + \alpha_7 LMgtL_{i,t} + \alpha_8 LInSH_{i,t} + \sum_{k=1998}^{2001} \beta_k DY_{k,t} + \varepsilon_{i,t}$

| 구 분 / 변 수 | Linear 모형 | | 구 분 / 변 수 | Log-Linear 모형 | |
|---|---|---|---|---|---|
| | 추정계수 | t-값 | | 추정계수 | t-값 |
| Intercept | 1,514 | 0.09 | Intercept | 2.262 | 6.93* |
| PIBV | 0.589 | 6.06* | LPIBV | 0.552 | 16.84* |
| CNI | 6.312 | 9.86* | LCNI | 0.173 | 7.75* |
| NgCNI | −6.175 | −5.51* | LNgCNI | −0.284 | −6.47* |
| DVFN | 918 | 0.30 | LDVFN | 0.088 | 1.34 |
| MktSH | 498 | 3.09* | LMktSH | 0.141 | 6.36* |
| OPTION | 8,737 | 5.06* | LOPTION | 0.338 | 7.69* |
| MgtL | 448 | 3.88* | LMgtL | 0.002 | 2.20* |
| InSH | −404 | −2.20* | LInSH | 0.055 | 0.198 |
| D1998 | −4,342 | −0.26 | D1998 | −0.302 | −2.68* |
| D1999 | 71,202 | 4.31* | D1999 | 1.416 | 13.31* |
| D2000 | 25,484 | −1.58 | D2000 | 0.659 | 6.39* |
| D2001 | −6,668 | −0.42 | D2001 | 0.673 | 6.69* |
| $adj\ R^2$ | 0.301 | | $adj\ R^2$ | 0.575 | |
| F-value | 46.98* | | F-value | 145.11* | |
| N | 1,281 | | N | 1,281 | |

주 1) $MV_{i,t}$ : t기말 3개월 이후의 보통주 시장가치, $PIBV_{i,t}$ : 자기자본 장부가치($BV_{i,t}$)−당기순이익($NI_{i,t}$), $CNI_{i,t}$ : 당기순이익($NI_{i,t}$)−특별손익($SPEC_{i,t}$), $NgCNI_{i,t}$ : CNI<0일 경우, $DVFN_{i,t}$ : t기말 i기업의 보유 사업부 수, $MktSH_{i,t}$ : t기말 i기업의 추정 시장점유율, $OPTION_{i,t}$ : t기말 i기업의 보상형 스톡옵션 부여율, $MgtL_{i,t}$ : t기말 i기업의 1인당 임원인건비, $InSH_{i,t}$ : t기말 I기업의 내부자 지분율.
주 2) *는 5% 수준에서 유의함.

기업가치 설명력을 나타내는 $adj\ R^2$는 전체표본기업이 0.301로 비재무정보만을 변수로 하였을 때보다 높게 나타났으며, 기초적 Linear 모형에서 보여준 재무정보의 주가 설명력(0.272)과 비교해 볼 때도 추가적인 증가요인이 있는 것으로 나타났다.

<표 6-14>의 기본적 Log-Linear 모형의 회귀분석 결과를 살펴보면, Linear 모형에서와 같이 기본적인 재무정보 변수인 이익가산 전 순자산 장부가액(PIBV)과 특별항목 차감 전 순이익(CNI)이 주가와 유의한 양(+)의 관계를 보인 반면에, 순손실(NgCNI)은 유의한 음(−)의 관계를 보이고 있었다.

Linear 모형과 비교하기 위해 재무정보를 포함하여 회귀분석 한 비재무정보에서는 시장점유율, 보상형 스톡옵션 부여율, 경영자의 보수가 주가와 유의한 양(+)의 설명력을 보인 반면에, 사업다각화와 내부자 지분율 변수는 유의하지 않은 양(+)의 관계를 나타내었다.

전체적으로 보면 선택된 비재무정보는 기업가치평가에 유의한 관련성이 있다고 볼 수 있으며, 본 연구에서 예측한 바와 같이 비재무정보는 추가적인 기업가치 설명력을 갖는 것이 입증되었다.

기업가치 설명력($adj\ R^2$)은 코스닥 전체표본기업이 0.575로 비재무정보만을 변수로 하였을 때보다 높게 나타났으며, Linear 모형(0.301)보다도 훨씬 높은 설명력을 나타내었다. 또한 기초적 Log-Linear 모형에서 보여준 재무정보의 주가 설명력[전체표본기업(0.525)]과 비교해 볼 때도 높아진 것을 볼 수 있으며, 이러한 결과를 볼 때 Log-Linear 모형의 기초적 재무정보를 포함한 비재무정보는 기업가치평가에 증가요인이 된다는 것을 알 수 있다. 연도별로 보면 Linear 모형과 같이 1999년에는 전체모형에서 유의한 양(+)의 상관관계를 나타내었고, 그 외 연도에서는 부분적으로 음(−)을 값을 나타내고 있는데, 특히 1997년도 말에 겪은 IMF의 영향으로 말미암아 1998년에는 대부분 음(−)의 관계로 나타내고 있으나 통계적 유의성은 없었다.

위의 회귀분석 결과에서 나타낸 바와 같이 재무정보, 비재무정보, 재무정보에 비재무정보를 추가로 포함시켰을 때의 주가 설명력($adj\ R^2$)은 단순하게 재구성된 형태의 Ohlson의 Linear 모형보다는 Log-Linear 모형이 훨씬 높게 나타내고 있다는 것이 밝혀졌다. 따라서 코스닥기업의 가치평가는 Linear 모형보다 Log-Linear 모형이 더 적합하다는 <연구가설 1>은 변함이 없이 지지되며, 아울러 코스닥기업의 사업다각화 정도와 시장점유율, 보상형 스톡옵션 부여율, 경영자의 보수, 내부자 지분율 등과 같은 비재무정보는 추가적인 기업가치 설명력을 갖는다는 <연구가설 2>도 설득력이 있다고 볼 수 있다.

# 제5절 이익구성항목에 비재무변수를 추가시킨 실증모형의 회귀분석 결과

위에서 살펴본 바와 같이 코스닥기업은 초창기 단계에서 시장침투 및 확대를 위해 기술개발 활동이 높을 것이므로 투자자들은 이들 기업에 대한 미래 수익성 및 성장성의 기대가 클 것이라고 본다. 따라서 손실이 난 경우에는 경영활동이 부진해서가 아니라 연구개발비 및 광고 선전비 등과 같은 무형의 투자에 막대한 지출을 했기 때문이라고 본다. 즉 성장기에 있는 기업은 시장점유율을 높이기 위하여 경영활동의 전략적 투자지출을 하기 때문에 이익을 내지 못한 기업이 이익을 낸 기업보다 판매, 마케팅활동 및 연구개발비와 같은 무형자산에 더 많이 지출할 것이다. 따라서 모형식에서와 같이 순이익을 분해하여 이를 비재무정보와 함께 실증 분석한다면, 이와 관련된 비용의 주가는 기업가치에 추가적인 설명력을 갖게 될 것이다.

## 5.1 전체표본기업에 대한 실증 분석 결과

### 5.1.1 단순상관분석 결과

다음의 실증 분석은 전체표본기업을 대상으로 한 순이익(CNI) 구성항목과 기업가치에 대한 상관분석의 결과이다. 모형에 포함된 Linear 및 로그 변환된 변수들 간의 피어슨(Pearson) 상관관계에서, <표 6-15>의 CNI가 양(+)인 기업의 경우와 음(−)인 경우를 합쳐서 회귀분석 한 전체표본기업의 결과는 다음과 같다. 첫째, Linear 모형의 주가와 회계변수는 유의한 관계를 가지나, 다각화 정도(보유 사업부 수: DVFN)의 경우는 유의성이 없는 양(+)의 상관관계를 나타내었고, NgCNI와 내부자 지분율은 유의한 음(−)의 관계를 보였다. 둘째, 로그 변환된 주가와 로그 변환된 회계변수 간의 상관계수는 유의한 양(+)의 관계를 가지고 있다.

Linear 모형에서는 순자산 장부가액과 경영자의 보수(1인당 임원인건비)의 변수가 주가와 가장 높은 상관성을 보였으며, Log-Linear 모형에서는 순자산 장부가액과 특별손익 차감 전 순이익(CNI), 경영진의 보수(1인당 임원인건비)의 변수가 주가와 가장 상관관계가 높은 것으로 나타내었다. 반면에 NgCNI는 주가와 음(−)의 상관성을 보였고, 그 외 다른 변수에서도 음(−)의 상관관계를 나타내고 있다.

구체적으로 살펴보면, Linear 모형에서는 시장점유율, 내부자 지분율 등의 변수가 순자산 장부가액과 상관성이 없게 나타났고, 다각화의 정도(보유 사업부 수)와 보상형 스톡옵션 부여율이 순이익(CNI)과 상관관계가 없는 것으로 나타났으며, 그 외 스톡옵션 부여율과 시장점유율, 내부자 지분율이 유의수준에서 음(−)의 관계를 보이고 있다.

Log-Linear 모형에서는 시장점유율과 내부자 지분율이 순자산 장부가액과 상관관계가 없는 것으로 나타내었고, 다각화 정도(보유

사업부 수), 내부자 지분율이 순이익과 상관성이 없었으며, 스톡옵
션 부여율과 내부자 지분율 간에도 유의성 있는 음(−)의 상관관계
를 보이고 있다.

**<표 6-15> 변수 간의 Pearson 상관계수**

| 변수명 | 전체표본기업, N=1,281 | | | | | | | | |
|---|---|---|---|---|---|---|---|---|---|
| | MV | PIBV | CNI | NgCNI | DVFN | MktSH | OPTION | MgtL | InSH |
| LMV | | 0.37<br>(0.00)* | 0.19<br>(0.00)* | −0.11<br>(0.00)* | 0.03<br>(0.29) | 0.07<br>(0.02)* | 0.17<br>(0.00)* | 0.25<br>(0.00)* | −0.03<br>(0.26) |
| LPIBV | 0.55<br>(0.00)* | | 0.17<br>(0.00)* | −0.61<br>(0.00)* | 0.06<br>(0.04)* | −0.02<br>(0.35) | 0.04<br>(0.14) | 0.23<br>(0.00)* | −0.05<br>(0.08) |
| LCNI | 0.51<br>(0.00)* | 0.55<br>(0.00)* | | −0.77<br>(0.00)* | −0.03<br>(0.34) | 0.02<br>(0.51) | −0.04<br>(0.18) | 0.07<br>(0.01)* | 0.09<br>(0.00)* |
| LNgCNI | −0.34<br>(0.00)* | −0.57<br>(0.00)* | −0.50<br>(0.00)* | | −0.03<br>(0.30) | 0.02<br>(0.45) | −0.07<br>(0.01)* | −0.10<br>(0.00)* | 0.12<br>(0.00)* |
| LDVFN | 0.09<br>(0.00)* | 0.08<br>(0.00)* | −0.06<br>(0.06) | −0.02<br>(0.80) | | 0.09<br>(0.00)* | 0.01<br>(0.87) | 0.11<br>(0.00)* | 0.10<br>(0.00)* |
| LMktSH | 0.17<br>(0.00)* | −0.02<br>(0.40) | 0.01<br>(0.79) | 0.02<br>(0.74) | 0.19<br>(0.60)* | | −0.03<br>(0.33) | 0.13<br>(0.00)* | 0.24<br>(0.00)* |
| LOPTION | 0.28<br>(0.00)* | 0.18<br>(0.00)* | 0.09<br>(0.00)* | −0.22<br>(0.00)* | 0.01<br>(0.00)* | 0.04<br>(0.00)* | | 0.12<br>(0.00)* | −0.11<br>(0.00)* |
| LMgtL | 0.49<br>(0.00)* | 0.26<br>(0.00)* | 0.23<br>(0.00)* | −0.26<br>(0.00)* | 0.16<br>(0.00)* | 0.32<br>(0.00)* | 0.21<br>(0.00)* | | 0.16<br>(0.00)* |
| LInSH | 0.06<br>(0.02)* | −0.12<br>(0.00)* | −0.00<br>(0.98)* | 0.16<br>(0.01)* | 0.16<br>(0.00)* | 0.44<br>(0.00)* | −0.12<br>(0.00)* | 0.30<br>(0.00)* | |

주 1) 각 변수의 정의는 <표 5-1>을 참조한다.
주 2) *는 5% 수준에서 유의함.
주 3) 1997-2001년 풀링(Pooling)자료임.
주 4) ( )는 p-값임.
주 5) 위의 삼각형 칸은 Linear, 아래 칸은 Log-Linear 모형에 관한 상관계수임.

## 5.1.2 Linear 모형의 회귀분석 결과

<표 6-16>에 제시된 Linear 모형의 회귀분석 결과를 보면 이익
가산 전 순자산 장부가액(PIBV)과 특별손익 차감 전 순이익(CNI)
이 주가(MV)와 가장 높은 설명력을 나타내었고, 순손실액(NgCNI)

은 음(−)의 관계를 나타내었다.

손익구성항목을 포함하는 Linear 모형의 회귀분석 결과를 살펴보면 CNI≥0인 경우와 CNI<0인 경우를 통합하여 분석한 전체표본기업의 결과는 [모형 2]에서 매출수익, 연구개발비, 광고 선전비 등의 변수가 주가와 유의한 양(+)의 값을 나타낸 반면에, 매출원가, 판매비와 관리비의 변수가 유의한 음(−)의 관련성을 보였다. 비재무정보를 보면 시장점유율, 경영자의 보수, 보상형 스톡옵션 부여율 등의 변수가 기업가치평가에 유의한 양(+)의 관계를 보인 반면에, 사업다각화와 내부자 지분율의 변수는 기업가치에 유의한 음(−)의 값을 보이고 있다.

[모형 3]에서는 판매비와 관리비를 제외한 모든 재무변수에서 주가와 유의한 양(+)의 관계를 설명해 주고 있으며, 비재무변수에 있어서도 내부자 지분율을 제외한 모든 비재무변수가 기업가치에 유의한 영향을 미치는 것으로 분석되고 있다.

<표 6-17>의 CNI가 양(+)인 기업에서도 이익가산 전 순자산 장부가액(PIBV)과 CNI는 기업가치에 유의한 양(+)의 설명력을 가지는 것으로 나타났으며, 반면에 <표 6-18>의 CNI가 음(−)인 경우에는 이익가산 전 순자산 장부가액은 유의한 양(+)의 설명력을 가지나, CNI는 유의하지 않은 양(+)의 계수값을 보이고 있다. 비재무정보는 시장점유율과 경영자의 보수 등이 주가에 유의한 반면 사업다각화와 내부자 지분율이 유의하지 않은 변수를 보이고 있다.

손익구성요소를 분해한 결과를 보면, <표 6-17>의 CNI가 양(+)인 경우, [모형 2]에서 매출원가와 판매비와 일반관리비를 제외한 매출수익, 연구개발비, 광고 선전비가 주가와 유의한 양(+)의 관계를 보였고, 비재무정보를 살펴보면 시장점유율, 경영자의 보수, 보상형 스톡옵션 부여율 등의 변수가 기업가치평가에 유의한 양(+)의 관계를 보인 반면에, 사업다각화 와 내부자 지분율 등의 변수는 기업가치에 유의한 음(−)의 값을 보이고 있다.

<표 6-16> 이익구성항목을 세분한 재무정보와 비재무정보의 Linear 회귀분석 결과

| 전체표본기업, N=1,281 | | | | | | |
|---|---|---|---|---|---|---|
| 구 분 / 변 수 | 모형 1 | | 모형 2 | | 모형 3 | |
| | 추정계수 | t-값 | 추정계수 | t-값 | 추정계수 | t-값 |
| Intercept | 1,514 | 0.09 | 5,630 | 0.34 | 961 | 0.06 |
| PIBV | 0.589 | 6.06* | 1.121 | 9.18* | 1.061 | 8.65* |
| CNI | 6.312 | 9.86* | − | − | − | − |
| NgCNI | −6.174 | −5.51* | 1.277 | 1.76 | 1.923 | 2.71* |
| REV | − | − | 1.674 | 3.78* | − | − |
| CGS | − | − | −1.903 | −4.02* | − | − |
| GM | − | − | − | − | 0.969 | 2.42* |
| SGA | − | − | −2.184 | −3.72* | −1.715 | −3.05* |
| R&D | − | − | 8.430 | 4.29* | 8.136 | 4.14* |
| ADV | − | − | 2.977 | 2.50* | 2.875 | 2.40* |
| DVFN | 918 | 0.30 | −81.687 | −0.03 | 217 | 0.07 |
| MktSH | 497 | 3.09* | 378 | 2.27* | 426 | 2.56* |
| OPTION | 8,737 | 5.06* | 7,570 | 4.24* | 7,726 | 4.31* |
| MgtL | 447 | 3.88* | 571 | 4.86* | 582 | 4.93* |
| InSH | −404 | −2.20* | −326 | −1.17 | −346 | −1.82 |
| D1998 | −4,342 | −0.26 | −3,286 | −0.19 | −2,931 | −0.17 |
| D1999 | 71,202 | 4.31* | 70,478 | 4.16* | 70,438 | 4.14* |
| D2000 | −25,484 | −1.58 | −31,455 | −1.90 | −31,058 | −1.87 |
| D2001 | −6,668 | −0.42 | −11,316 | −0.69 | −10,904 | −0.66 |
| $adj\ R^2$ | 0.301 | | 0.272 | | 0.265 | |
| F-value | 46.98* | | 31.84* | | 31.81* | |

주 1) 회귀식은 다음과 같고, 검증기간은 1997년부터 2001년까지임.

[모형 1]: $MV_{i,t} = \alpha_0 + \alpha_1\ PIBV_{i,t} + \alpha_2\ CNI_{i,t} + \alpha_3\ NgCNI_{i,t} + \alpha_4\ DVFN_{i,t} + \alpha_5\ MktSH_{i,t} + \alpha_6\ OPTION_{i,t} + \alpha_7\ MgtL_{i,t} + \alpha_8\ InSH_{i,t} + \sum_{k=1998}^{2001} \beta_k\ DY_{k,t} + \varepsilon_{i,t}$

[모형 2]: $MV_{i,t} = \alpha_0 + \alpha_1 PIBV_{i,t} + \alpha_2 REV_{i,t} + \alpha_3 CGS_{i,t} + \alpha_4 SGA_{i,t}$
$+ \alpha_5 R\&D_{i,t} + \alpha_6 ADV_{i,t} + \alpha_7 DVFN_{i,t} + \alpha_8 MktSH_{i,t}$
$+ \alpha_9 OPTION_{i,t} + \alpha_{10} MgtL_{i,t} + \alpha_{11} InSH_{i,t} + \sum_{k=1998}^{2001} \beta_k DY_{k,t} + \varepsilon_{i,t}$

[모형 3]: $MV_{i,t} = \alpha_0 + \alpha_1 PIBV_{i,t} + \alpha_1 GM_{i,t} + \alpha_3 SGA_{i,t} + \alpha_4 R\&D_{i,t}$
$+ \alpha_5 ADV_{i,t} + \alpha_6 DVFN_{i,t} + \alpha_7 MktSH_{i,t}$
$+ \alpha_8 OPTION_{i,t} + \alpha_9 MgtL_{i,t} + \alpha_{10} InSH_{i,t} + \sum_{k=1998}^{2001} \beta_k DY_{k,t} + \varepsilon_{i,t}$

주 2) MV: 보통주 시장가치, PIBV: 이익가산 전 자기자본 장부가치(BV-NI), CNI: 특별항목 차감 전 순이익(NI-SPEC), REV: 순매출액(매출수익), CGS: 매출원가, GM: 매출총이익, SGA: 판매비와 일반관리비(경상개발비와 광고 선전비는 제외함), R&D: 당기개발비(기말개발비-기초개발비+당기개발비상각액+당기경상개발비+제조원가명세서상의 개발비), ADV: 광고 선전비(손익계산서상의 광고 선전비+제조원가명세서상의 광고 선전비), DVFN: 보유사업부 수, MktSH: 추정 시장점유율, OPTION: 보상형 스톡옵션 부여율(보상형 스톡옵션 부여 주수/총발행주식수), MgtL: 1인당 임원인건비, InSH: 내부자 지분율.

주 3) *는 5% 수준에서 유의함.


[모형 3]에서는 매출총이익, 연구개발비, 광고 선전비가 주가와 유의한 양(+)의 값을 나타내었고, 판매비와 일반관리비가 유의수준에서 주가와 음(-)의 관계를 보였다.

비재무정보에 있어서도 사업다각화와 내부자 지분율 변수를 제외한 시장점유율, 경영자의 보수, 스톡옵션 부여율 등이 기업가치에 유의한 영향을 미치는 것으로 분석되고 있다.

<표 6-18>의 CNI가 음(-)인 경우를 보면, [모형 2]에서는 매출원가와 판매비와 일반관리비가 유의한 관계를 보이고 있고, 연구개발비 변수는 양(+)의 관련성이 있는 것으로 나타났지만 통계적인 유의성은 보이지 않았으며, 매출수익, 광고 선전비가 주가와 음(-)의 관계를 보였다.

<표 6-17> 이익구성항목을 세분한 재무정보와 비재무정보의
Linear 회귀분석 결과

| CNI≥0인 기업, N=1,031 | | | | | |
|---|---|---|---|---|---|
| 구 분<br>변 수 | 모형 1 | | 모형 2 | | 모형 3 | |
| | 추정계수 | t-값 | 추정계수 | t-값 | 추정계수 | t-값 |
| Intercept | −3,706 | −0.20 | 4,999 | 0.26 | −9,057 | −0.47 |
| PIBV | 0.468 | 3.54* | 1.292 | 8.27* | 1.059 | 6.76* |
| CNI | 6.953 | 9.35* | − | − | − | − |
| REV | − | − | 3.098 | 6.04* | − | − |
| CGS | − | − | −3.618 | −6.55* | − | − |
| GM | − | − | − | − | 1.707 | 3.62* |
| SGA | − | − | −4.195 | −6.18* | −2.762 | −4.33* |
| R&D | − | − | 12.488 | 5.29* | 10.853 | 4.57* |
| ADV | − | − | 4.850 | 3.51* | 2.852 | 2.09* |
| DVFN | −722 | −0.20 | −2,006 | −0.56 | −1,106 | −0.31 |
| MktSH | 547 | 3.01* | 379 | 2.06* | 481 | 2.58* |
| OPTION | 10,928 | 5.50 | 9,783 | 4.86* | 9,843 | 4.81* |
| MgtL | 309 | 2.38* | 430 | 3.31* | 451 | 3.41* |
| InSH | −328 | −1.55 | −274 | −1.27 | −267 | −1.22 |
| D1998 | −1,594 | −0.08 | 1,212 | 0.06 | 2,363 | 0.12 |
| D1999 | 75,717 | 4.06* | 74,397 | 3.94* | 75,123 | 3.91* |
| D2000 | −15,982 | −0.87 | −21,952 | −1.18 | −20,684 | −1.09 |
| D2001 | 8,975 | 0.49 | 8,820 | 0.47 | 7,812 | 0.41 |
| $adj\ R^2$ | 0.297 | | 0.293 | | 0.268 | |
| F−value | 40.54* | | 29.42* | | 27.86* | |

주 1) 회귀식과 변수의 정의 등은 <표 6-16>을 참조한다.
주 2) *는 5% 수준에서 유의함.

비재무정보를 보면 다각화 정도, 시장점유율, 경영자의 보수 등이 유의한 변수로 나타나고 있지만, 경영자의 보수 외에 통계적인 유의성은 없었고 스톡옵션 부여율, 내부자 지분율 등의 변수는 기업 가치평가에 음(−)의 관계를 보였으나 역시 통계적으로 유의하지 않았다.

[모형 3]에서는 판매비와 일반관리비가 유의한 양(+)의 값을 나타내었고, 매출총이익이 유의수준에서 주가와 음(−)의 관계를 보였다. 연구개발비는 주가와 양(+)의 관계를, 광고 선전비는 음(−)의 관계를 나타냈지만 통계적으로 유의하지 않았다. 비재무정보에 있어서도 스톡옵션 부여율, 내부자 지분율을 제외한 다각화 정도, 시장점유율, 경영자의 보수 등이 기업가치에 양(+)의 영향을 미치는 것으로 분석되고 있으나, 경영자의 보수를 제외하고 역시 유의성은 없었다.

전체표본기업에 대한 Linear 모형의 설명력($adj\ R^2$)을 살펴보면 각각 [모형 1]이 0.301, 0.297, 0.365, [모형 2]가 0.272, 0.293, 0.415, [모형 3]이 0.265, 0.268, 0.417로 나타났으며, CNI가 음(−)인 기업의 설명력($adj\ R^2$)이 CNI를 통합한 경우나 CNI가 양(+)인 경우의 설명력보다 조금 높게 나타내고 있다. 이 같은 결과를 볼 때 코스닥기업에서의 손실액은 재무제표에 반영되지 않는 비재무정보에 기인한 것으로 볼 수 있으며, 앞서 분석한 재무정보만을 회귀분석 하였을 때의 Linear 모형의 설명력(즉, 회계정보에 대한 회귀분석 결과는 [모형 1]이 0.272, 0.245, 0.236, [모형 2]가 0.266, 0.266, 0.238, [모형 3]이 0.312, 0.386, 0.389임.)과 비교해 볼 때 기업가치 설명력이 조금 더 증가한 것을 알 수 있다. 구체적으로 보면 [모형 1]과 [모형 2], [모형 3]에서 주가 설명력($adj\ R^2$)이 추가적으로 증가했음을 보여준다.

<표 6-18> 이익구성항목을 세분한 재무정보와 비재무정보의 Linear 회귀분석 결과

| CNI<0인 기업, N=250 | | | | | | |
|---|---|---|---|---|---|---|
| 구 분<br>변 수 | 모형 1 | | 모형 2 | | 모형 3 | |
| | 추정계수 | t-값 | 추정계수 | t-값 | 추정계수 | t-값 |
| Intercept | 22,231 | 0.71 | 4,118 | 0.14 | 5,984 | 0.20 |
| PIBV | 0.627 | 4.82* | 0.652 | 3.97* | 0.650 | 3.96* |
| CNI | 0.549 | 0.71 | − | − | − | − |
| REV | − | − | −3.875 | −4.88* | − | − |
| CGS | − | − | 3.962 | 4.77* | − | − |
| GM | − | − | − | − | −3.843 | −4.87* |
| SGA | − | − | 4.291 | 3.37* | 4.614 | 4.30* |
| R&D | − | − | 0.788 | 0.26 | 0.706 | 0.23 |
| ADV | − | − | −11.797 | −1.67 | −12.569 | −1.83 |
| DVFN | 1,521 | 0.26 | 1,861 | 0.33 | 1,718 | 0.30 |
| MktSH | 214 | 0.64 | 438 | 1.32 | 435 | 1.32 |
| OPTION | 723 | 0.22 | −714 | −0.22 | −793 | −0.24 |
| MgtL | 1,149 | 4.56* | 838 | 3.32* | 829 | 3.30* |
| InSH | −456 | −1.17 | −164 | −0.44 | −162 | −0.43 |
| D1998 | −14,466 | −0.47 | −17,983 | −0.60 | −17,593 | −0.59 |
| D1999 | 77,677 | 2.16* | 87,350 | 2.53* | 87,023 | 2.52* |
| D2000 | −53,878 | −1.72 | −37,259 | −1.23 | −37,573 | −1.24 |
| D2001 | −61,128 | −1.98* | −60,744 | −0.44 | −61,018 | −2.06* |
| $adj\ R^2$ | 0.365 | | 0.415 | | 0.417 | |
| F-value | 14.02* | | 12.76* | | 13.70* | |

주 1) 회귀식과 변수의 정의 등은 <표 6-16>을 참조한다.
주 2) *는 5% 수준에서 유의함.

### 5.1.3 Log-Linear 모형의 회귀분석 결과

<표 6-19>에 제시된 Log-Linear 모형의 회귀분석 결과를 보면 Linear 모형에서와 같이 로그 변환된 이익가산 전 순자산 장부가액(LPIBV)과 특별손익 차감 전 순이익(LCNI)이 주가(LMV)와 가장 높은 설명력을 나타내었고, 순손실액(LNgCNI)은 [모형 1]에서 음(−)의 가격관계를 나타내고 있다. Log-Linear 모형의 비재무변수들은 기업가치 관련성이 아주 높은 것으로 나타내고 있다.

전체표본기업에서 손익구성항목을 포함하는 Log-Linear 모형의 회귀분석 결과를 살펴보면 CNI≥0인 경우와 CNI<0인 경우를 통합하여 분석한 결과는 [모형 2]에서 매출원가, 판매비와 관리비의 변수가 주가와 유의한 음(−)의 관련성을 보인 반면에, 그 외의 회계, 비재무변수는 주가와 유의한 관련성을 나타내고 있었다.

[모형 3]에서도 판매비와 관리비를 제외한 모든 재무변수 및 비재무변수에서 주가와 유의한 양(+)의 관계를 설명해 주고 있어서 전체적으로 볼 때, Linear 모형에 비하여 주가관련성이 아주 높은 것으로 나타내고 있는데, 이 같은 결과는 기술과 지식기반의 성장잠재력이 강한 코스닥기업에서는 선형모형보다는 비선형모형이 기업가치를 더 적절하게 표현해 주고 있다는 것을 뒷받침해 준다.

<표 6-20>의 CNI가 양(+)인 기업에서도 이익가산 전 순자산 장부가액(PIBV)과 CNI는 기업가치에 유의한 양(+)의 설명력을 가지는 것으로 나타났으며, 반면에 <표 6-21>의 CNI가 음(−)인 경우에는 이익가산 전 순자산 장부가액은 유의한 양(+)의 설명력을 가지나, CNI는 유의하지 않은 양(+)의 계수값을 보이고 있다.

손익구성요소를 분해한 결과를 보면, <표 7-20>의 CNI가 양(+)인 경우, [모형 2]에서 매출원가와 판매관리비의 변수가 주가와 음(−)의 가격관계를 보였고 그 외에는 유의한 양(+)의 관련성을 나타내고 있었으며, 비재무정보는 사업다각화 변수를 제외한 모든 비재무변수가

144

모두 기업가치평가에 유의한 영향을 미치는 것으로 나타났다.

<표 6-19> 이익구성항목을 세분한 재무정보와 비재무정보의
Log-Linear 회귀분석 결과

| 구 분<br>변 수 | 전체표본기업, N=1,281 | | | | | |
|---|---|---|---|---|---|---|
| | 모형 1 | | 모형 2 | | 모형 3 | |
| | 추정계수 | t-값 | 추정계수 | t-값 | 추정계수 | t-값 |
| Intercept | 2.263 | 6.93* | 2.566 | 7.28* | 2.818 | 8.40* |
| LPIBV | 0.552 | 16.84* | 0.651 | 18.08* | 0.615 | 17.28* |
| LCNI | 0.173 | 7.75* | − | − | − | − |
| NgCNI | −0.284 | −6.47* | 0.036 | 4.52* | 0.028 | 3.12* |
| LREV | − | − | 0.615 | 4.92* | − | − |
| LCGS | − | − | −0.498 | −4.96* | − | − |
| LGM | − | − | − | − | 0.233 | 5.61* |
| LSGA | − | − | −0.205 | −4.67* | −0.274 | −6.07* |
| LR&D | − | − | 0.076 | 8.74* | 0.074 | 8.51* |
| LADV | − | − | 0.052 | 4.14* | 0.058 | 4.85* |
| LDVFN | 0.088 | 1.34 | 0.017 | 0.27 | 0.006 | 0.08 |
| LMktSH | 0.141 | 6.36* | 0.052 | 2.23* | 0.064 | 2.79* |
| LOPTION | 0.338 | 7.69* | 0.259 | 5.93 | 0.262 | 5.95* |
| LMktSH | 0.002 | 2.20* | 0.070 | 2.90* | 0.070 | 2.89* |
| LInSH | 0.055 | 1.29 | 0.091 | 2.01* | 0.066 | 1.45 |
| D1998 | −0.275 | −2.58* | −0.215 | −2.07* | −0.200 | −1.95 |
| D1999 | 1.276 | 11.98* | 1.150 | 9.15* | 1.169 | 9.32* |
| D2000 | 0.508 | 4.86* | 0.300 | 2.38* | 0.334 | 2.65* |
| D2001 | 0.524 | 5.05* | 0.370 | 2.92* | 0.414 | 1.45 |
| adj $R^2$ | 0.575 | | 0.604 | | 0.608 | |
| F-value | 145.11* | | 122.89* | | 130.66* | |

주 1) 회귀식은 다음과 같고, 검증기간은 1997년부터 2001년까지임.

[모형 1]: $LMV_{i,t} = \alpha_0 + \alpha_1\, LPIBV_{i,t} + \alpha_2\, LCNI_{i,t} + \alpha_3\, LNgCNI_{i,t} + \alpha_4$
$LDVFN_{i,t} + \alpha_5\, LMktSH_{i,t} + \alpha_6\, LOPTION_{i,t} + \alpha_7\, LMgtL_{i,t}$
$+ \alpha_8\, LInSH_{i,t} + \sum_{k=1998}^{2001} \beta_k\, DY_{k,t} + \varepsilon_{i,t}$

[모형 2]: $LMV_{i,t} = \alpha_0 + \alpha_1\,LPIBV_{i,t} + \alpha_2\,LNgCNI_{i,t} + \alpha_3\,LREV_{i,t} + \alpha_4\,LCGS_{i,t} + \alpha_5\,LSGA_{i,t} + \alpha_6\,LR\&N_{i,t} + \alpha_7\,LADV_{i,t} + \alpha_8\,LDVFN_{i,t} + \alpha_9\,LMktSH_{i,t} + \alpha_{10}\,LOPTION_{i,t} + \alpha_{11}\,LMgtL_{i,t} + \alpha_{12}\,LInSH_{i,t} + \sum_{k=1998}^{2001}\beta_k\,DY_{k,t} + \varepsilon_{i,t}$

[모형 3]: $LMV_{i,t} = \alpha_0 + \alpha_1\,LPIBV_{i,t} + \alpha_2\,LNgCNI_{i,t} + \alpha_3\,LGM_{i,t} + \alpha_4\,LSGA_{i,t} + \alpha_5\,LR\&D_{i,t} + \alpha_6\,LADV_{i,t} + \alpha_7\,LDVFN_{i,t} + \alpha_8\,LMktSH_{i,t} + \alpha_9\,LOPTION_{i,t} + \alpha_{10}\,LMgtL_{i,t} + \alpha_{11}\,LInSH_{i,t} + \sum_{k=1998}^{2001}\beta_k\,DY_{k,t} + \varepsilon_{i,t}$

주 2) LMV=Log(MV+1), LPIBV=Log(PIBV+1), LCNI=Log(CNI+1): CNI>0일 경우

LNgCNI=−Log(−CNI+1): CNI<0일 경우, LREV=Log(REV+1), LCGS =Log(CGS+1), LGM=Log(GM+1), LSGA=Log(SGA+1), LR&D= Log(R&D+1), LADV=Log(ADV+1)

LDVFN=Log(DVFN+1), LMktSH=Log(MktSH+1), LOPTION= Log(OPTION+1), LMgtL=Log(MgtL+1), LInSH=Log(InSH+1).

주 3) *는 5% 수준에서 유의함.


[모형 3]에서도 판매비 및 관리비를 제외한 모든 변수가 주가와 유의한 양(+)의 관계를 보였는데, 다만 사업다각화의 변수는 기업가치와 관련성이 없는 것으로 나타내었다.

<표 6-21>의 CNI가 음(−)인 경우를 보면, 재무정보의 경우 [모형 2]와 [모형 3]에서 일관성 있게 연구 개발비 변수만이 주가와 유의한 양(+)의 설명력을 보였고, 나머지 변수에서는 관련성이 없거나 적은 것으로 나타내었다. 이 같은 결과는 앞서 논의된 바와 같이 정보통신기술의 급속한 발달로 첨단기술 및 지식기반의 코스닥 기업에서는 연구개발에 막대한 투자지출을 할 것이므로 이에 대한 지출효과는 당기뿐만 아니라 시간의 경과에 따라서도 기업가치에 반영될 것이라는 예측과 일치된다. 이러한 평가는 Linear 모형보다는 Log-Linear 모형이 기업가치를 더 적절히 반영해 줄 것이라고 보며, 연구결과에서도 예상과 일치하게 나타내고 있다.

CNI가 음(−)인 경우의 비재무정보는 [모형 3]의 내부자 지분율 변수 외에 기타 비재무변수는 양(+)의 관계를 나타내고 있지만 통계적인 유의성은 적었다.

포괄적으로 연도별 더미변수의 추정계수를 보면, 1999년도에는 전체모형에서 유의한 양(＋)의 설명력을 나타낸 것과는 대조적으로, 1998에는 대부분이 유의한 음(－)의 관계를 나타내고 있는데, 이것은 1997년 IMF 외환위기 이후에 불안정한 시기의 가격을 반영해 주는 것이어서 앞의 결과와 일치한다고 생각한다. 2000년도와 2001년의 경우는 Linear 모형에서 부분적으로 음(－)의 가격을 보이고 있으며, Log-Linear 모형에서도 역시 부분적으로 음수(－)가격의 관계를 나타내고 있다.

전체표본기업에 대한 Log-Linear 모형의 설명력($adj\ R^2$)을 살펴보면 [모형 1]이 0.575, 0.581, 0.587, [모형 2]가 0.604, 0.616, 0.596, [모형 3]이 0.608, 0.618, 0.599로 나타났으며, 이러한 결과는 Linear 모형의 설명력($adj\ R^2$)보다 월등히 높게 나타내고 있다.

앞서 분석한 재무정보만을 회귀분석 하였을 때의 Log-Linear 모형의 설명력(즉, 재무정보에 대한 회귀분석 결과는 [모형 1]이 0.525, 0.578, 0.581, [모형 2]가 0.520, 0.584, 0.584, [모형 3]이 0.555, 0.583, 0.586임.)과 비교해 볼 때 기업가치 설명력이 현저하게 증가하였음을 알 수 있으며, 이 같은 결과는 코스닥기업에서 다각화 정도, 시장점유율, 스톡옵션 부여율, 경영자의 보수, 내부자 지분율 등과 같은 비재무정보는 추가적인 기업가치 설명력을 갖는다는 <연구가설 3>을 지지하는 바이다.

**<표 6-20> 이익구성항목을 세분한 재무정보와 비재무정보의 Log-Linear 회귀분석 결과**

| CNI≥0인 기업, N=1,031 | | | | | |
|---|---|---|---|---|---|
| 구 분 \ 변 수 | 모형 1 | | 모형 2 | | 모형 3 |  |
| | 추정계수 | t-값 | 추정계수 | t-값 | 추정계수 | t-값 |
| Intercept | 2.402 | 6.59* | 2.445 | 6.08* | 2.772 | 7.39* |
| LPIBV | 0.510 | 14.12* | 0.636 | 16.15* | 0.599 | 15.62* |
| LCNI | 0.232 | 9.27* | − | − | − | − |
| LREV | − | − | 0.935 | 6.03* | − | − |
| LCGS | − | − | −0.730 | −6.10* | − | − |
| LGM | − | − | − | − | 0.368 | 6.39* |
| LSGA | − | − | −0.320 | −6.26 | −0.423 | −7.70* |
| LR&D | − | − | 0.079 | 8.56* | 0.077 | 8.32* |
| LADV | − | − | 0.070 | 5.07* | 0.077 | 5.88* |
| LDVFN | 0.044 | 0.61 | −0.018 | −0.26 | −0.017 | −0.25 |
| LMktSH | 0.135 | 5.43* | 0.058 | 2.34* | 0.065 | 2.65* |
| LOPTION | 0.385 | 7.53* | 0.324 | 6.54* | 0.336 | 6.79* |
| LMktSH | 0.075 | 2.69* | 0.056 | 2.12* | 0.058 | 2.20* |
| LInSH | 0.009 | 0.17 | 0.119 | 2.33* | 0.097 | 1.90 |
| D1998 | −0.153 | −1.33 | −0.690 | −0.62 | −0.068 | −0.61 |
| D1999 | 1.094 | 7.78* | 1.189 | 8.74* | 1.203 | 8.86* |
| D2000 | 0.316 | 2.21* | 0.341 | 2.46* | 0.358 | 2.60* |
| D2001 | 0.445 | 3.11* | 0.510 | 3.68* | 0.545 | 3.94* |
| $adj\ R^2$ | 0.581 | | 0.616 | | 0.618 | |
| F-value | 130.69* | | 111.25* | | 119.92* | |

주 1) 회귀식과 변수의 정의 등은 <표 6-19>를 참조한다.
주 2) *는 5% 수준에서 유의함.

<표 6-21> 이익구성항목을 세분한 재무정보와 비재무정보의 Log-Linear 회귀분석 결과

| 구 분 / 변 수 | 모형 1 | | 모형 2 | | 모형 3 | |
|---|---|---|---|---|---|---|
| | 추정계수 | t-값 | 추정계수 | t-값 | 추정계수 | t-값 |
| | CNI<0인 기업, N=250 | | | | | |
| Intercept | 2.234 | 3.12* | 2.305 | 3.07* | 2.588 | 3.41* |
| LPIBV | 0.682 | 9.47* | 0.648 | 7.58* | 0.624 | 6.90* |
| LCNI | 0.004 | 0.09 | − | − | − | − |
| LREV | − | − | −0.120 | −0.51 | − | − |
| LCGS | − | − | 0.140 | 0.67 | − | − |
| LGM | − | − | − | − | 0.056 | 0.89 |
| LSGA | − | − | −0.016 | −0.18 | −0.036 | −0.39 |
| LR&D | − | − | 0.064 | 2.84* | 0.061 | 2.58* |
| LADV | − | − | −0.001 | −0.02 | −0.015 | −0.49 |
| LDVFN | 0.169 | 1.05 | 0.169 | 1.02 | 0.132 | 0.79 |
| LMktSH | 0.098 | 1.74 | 0.059 | 1.00 | 0.092 | 1.54 |
| LOPTION | 0.212 | 2.31* | 0.157 | 1.68 | 0.135 | 1.40 |
| LMktSH | 0.097 | 1.72 | 0.084 | 1.48 | 0.082 | 1.40 |
| LInSH | 0.043 | 0.45 | 0.050 | 0.52 | −0.001 | −0.01 |
| D1998 | −0.753 | −2.94* | −0.718 | −2.83* | −0.702 | −2.83* |
| D1999 | 1.173 | 3.668 | 1.254 | 3.95* | 1.218 | 3.87* |
| D2000 | 0.265 | 0.90 | 0.276 | 0.94 | 0.328 | 1.12 |
| D2001 | −0.079 | −0.27 | −0.086 | −0.29 | −0.050 | −0.17 |
| $adj\ R^2$ | 0.587 | | 0.596 | | 0.599 | |
| F-value | 33.20* | | 25.48* | | 25.05* | |

주 1) 회귀식과 변수의 정의 등은 <표 6-19>를 참조한다.
주 2) *는 5% 수준에서 유의함.

# 제6절 비재무정보를 추가로 포함시킨 경우 연구개발비의 가치 관련성 검증에 대한 회귀분석 결과

본 절에서는 자산으로 계상된 연구개발비와 비용으로 계상된 연구개발비가 기업가치에 유의한 변수인지에 대한 검증하기 위한 모형식의 결과로 앞서 분석한 연구개발비의 기업가치 관련성 검증 모형에 비재무정보를 추가로 포함해서 회귀분석 하였다. 즉 현행 기업회계기준에서 자산으로 처리하고 있는 연구개발비(AR&D)와 비용으로 처리하고 있는 연구개발비(EXR&D)지출액이 비회계변수와 함께 코스닥기업의 가치를 증대시킬 것이라는 관점에서 설정된 모형이며, 역시 Linear 모형과 Log-Linear 모형을 비교하여 분석하였다.

## 6.1 Linear 모형의 회귀분석 결과

Linear 모형에서 <표 6-22>를 보면, CNI가 양(+)인 경우와 음(−)인 경우를 통합했을 때인 전체표본기업에서 코스닥기업의 순자산 장부가액 및 특별항목 차감 전 순이익 변수는 주가와 유의성 있는 양(+)의 관계를 나타내고 있고, 음의 순이익(NgCNI) 변수는 유의성이 없는 양(+)의 관계를 보여주고 있다.

구체적인 회귀분석 결과를 보면, 재무정보에서는 판매비와 관리비 변수가, 비재무정보에서는 내부자 지분율의 변수가 기업가치와 크게 관련성이 없는 것으로 나타났다.

비용으로 처리한 연구개발비는 주가와 유의한 관련성이 있는 것으로 나타났고, 자산으로 처리 되는 연구개발비는 계수값이 주가와 양(+)의 관계를 보였지만 유의성은 적었다.

<표 6-22> R&D 검증에 비재무정보를 포함시킨 경우의 회귀 분석 결과

| R&D의 가치 관련성 검증(Linear 모형) | | | | | | |
|---|---|---|---|---|---|---|
| 구 분<br>변 수 | 전체표본기업 | | CNI>0인 경우 | | CNI<0인 경우 | |
| | 추정계수 | t-값 | 추정계수 | t-값 | 추정계수 | t-값 |
| Intercept | 1,723 | 0.10 | $-8,238$ | $-0.43$ | 6,166 | 0.20 |
| PIBV | 1.099 | 8.93* | 1.106 | 7.04* | 0.653 | 3.95* |
| NgCNI | 2.134 | 3.00* | $-$ | $-$ | $-$ | $-$ |
| GM | 0.772 | 1.91 | 1.428 | 2.98* | $-3.847$ | $-4.86*$ |
| SGA | $-1.498$ | $-2.65*$ | $-2.428$ | $-3.85*$ | 4.614 | 4.29* |
| AR&D | 3.369 | 1.31 | 4.763 | 1.50 | 0.274 | 0.07 |
| EXR&D | 18.395 | 4.51* | 23.996 | 4.65* | 1.689 | 0.30 |
| ADV | 2.847 | 2.39* | 2.911 | 2.14* | $-12.574$ | $-1.83$ |
| DVFN | 554 | 0.18 | $-351$ | $-0.10$ | 1,708 | 0.30 |
| MktSH | 423 | 2.54* | 472 | 2.54* | 434 | 1.31 |
| OPTION | 7,485 | 4.18* | 9,555 | 4.68* | $-827$ | $-0.25$ |
| MgtL | 559 | 4.73* | 433 | 3.29* | 824 | 3.26* |
| InSH | $-351$ | $-1.85$ | $-281$ | $-1.29$ | $-162$ | $-0.43$ |
| D1998 | $-4,549$ | $-0.27$ | $-438$ | $-0.02$ | $-17,567$ | $-0.59$ |
| D1999 | 69,417 | 4.09* | 73,715 | 3.85* | 86,954 | 2.52* |
| D2000 | $-31,528$ | $-1.90$ | $-21,834$ | $-1.16$ | $-37,522$ | $-1.24$ |
| D2001 | $-12,742$ | $-0.77$ | 5,866 | 0.31 | $-61,293$ | $-2.07*$ |
| $adj\ R^2$ | 0.269 | | 0.273 | | 0.414 | |
| F-value | 30.50* | | 26.73* | | 12.74* | |
| N | 1,281 | | 1,031 | | 250 | |

주 1) [모형 3]: $MV_{i,t} = \alpha_0 + \alpha_1\ PIBV_{i,t} + \alpha_2\ GM_{i,t} + \alpha_3\ SGA_{i,t} + \alpha_4\ AR\&D_{i,t} + \alpha_5\ EXR\&D_{i,t} + \alpha_6\ ADV_{i,t} + \alpha_7\ DVFN_{i,t} + \alpha_8\ LMktSH_{i,t} + \alpha_9 OPTION_{i,t} + \alpha_{10} MgtL_{i,t} + \alpha_{11}\ InSH_{i,t} + \sum_{k=1998}^{2001} \beta_k\ DY_{k,t}$

주 2) MV: 보통주 시장가치, PIBV: 이익가산 전 자기자본 장부가치(BV-NI), CNI: 특별항목 차감 전 순이익(NI-SPEC), NgCNI: CNI<0일 때, GM: 매출총이익, SGA: 판매비와 일반관리비(경상개발비와 광고 선전비는 제외함), AR&D: 자산으로 처리된 연구개발비, EXR&D: 비용으로 처리된 연구개발비, ADV: 광고 선전비(손익계산서상의 광고 선전비＋제조원가명세서상의 광고 선전비), DVFN: 보유 사업부수, MktSH: 추정 시장점유율, OPTION: 보상형 스톡옵션 부여율(보상형 스톡옵션 부여 주수/총발행주식수), MgtL: 1인당 임원인건비, InSH: 내부자 지분율

주 3) *는 5% 수준에서 유의함.

광고 선전비의 경우는 위의 분석 결과와 같이 전체표본기업에서 기업가치에 유의한 양(＋)의 관련성이 있는 것으로 나타내었다. 이러한 결과는 CNI가 양(＋)인 경우와 별 차이가 없었으나, 비재무변수의 경우 기업가치와 유의한 변수는 시장점유율 스톡옵션 부여율, 경영자의 보수 등으로 나타내었고, 사업다각화 정도와 내부자 지분율의 변수는 기대했던 바와는 다른 결과를 나타내었다.

CNI가 음(－)인 경우를 보면, 자산으로 처리된 연구개발비와 비용으로 처리된 연구개발비가 비록 유의성이 적었지만 양(＋)의 설명력을 나타내었고, 광고 선전비의 경우는 기업가치와 관련성이 없는 것으로 나타내었다. 비재무변수를 보면 스톡옵션 부여율과 내부자 지분율이 기업가치와 관련성이 없는 것으로 나타난 반면에 경영자의 보수가 주가와 유의한 관련성이 있는 것으로 나타냈다.

## 6.2 Log-Linear 모형의 회귀분석 결과

R&D 검증에 재무정보와 비재무정보를 포함한 Log-Linear 모형의 회귀분석 결과를 보면, 자산으로 처리한 연구개발비는 <표 6-23>의 CNI가 양(＋)인 기업의 경우와 음(－)인 경우를 통합한 전체표본기업의 회귀분석에서 계수값이 유의수준에서 주가와 양(＋)의 관계를 보였고, 비용으로 처리 되는 연구개발비는 양(＋)의 가격관계를 나타냈지만 설명력이 약했다.

광고 선전비는 기업가치에 유의한 양(+)의 관련성이 있는 것으로 밝혀졌으며, 이러한 결과를 종합해 보면 연구개발 및 마케팅활동에 투자된 무형의 지출액은 자산화해야 한다는 가설을 Log-Linear 모형에서 일치한다고 볼 수 있다.

비재무정보에서는 시장점유율, 스톡옵션 부여율, 경영자의 보수 등의 변수가 기업가치에 유의한 관련성이 있는 것으로 드러났다.

CNI가 양(+)인 경우를 보면 자산으로 처리된 연구개발비와 비용으로 처리된 연구개발비 및 광고 선전비가 주가와 유의한 양(+)의 관계를 가지며, CNI가 음(−)인 기업의 경우에서 자산으로 처리한 연구개발비는 주가와 전반적으로 양(+)의 관계를 보였으나, 비용으로 처리된 연구개발비가 주가와 양(+)의 관계를 보였지만 설명력이 없게 나타났다.

Log-Linear 모형에 대한 분석 결과를 종합해 보면, CNI가 양(+)인 경우와 음(−)인 경우에서 모두 자산으로 처리된 연구개발비와 비용으로 처리된 연구개발비가 대체적으로 기업가치에 양(+)의 관계를 보였고, 다만 광고비의 경우는 CNI가 음(−)인 경우에 주가와 음(−)의 관계를 나타내고 있었다.

비재무정보를 추가하여 연구개발비 자산성을 검증한 Linear 모형의 주가 설명력($adj\ R^2$)을 살펴보면 [모형 1]이 0.457, 0.492, 0.251, [모형 2]가 0.259, 0.241, 0.502, [모형 3]이 0.269, 0.273, 0.414로 나타났으며, Log-Linear 모형의 설명력은 [모형 1]이 0.566, 0.568, 0.538, [모형 2]가 0.634, 0.650, 0.599, [모형 3]이 0.608, 0.617, 0.604로 나타내고 있어서 Log-Linear 모형의 주가설명력이 훨씬 더 높음을 알 수 있다.

재무정보와 비재무정보를 포함하여 회귀분석 한 결과는 재무정보만을 분석하였을 때의 Log-Linear 모형의 설명력(즉, 재무정보에 대한 회귀분석 결과는 [모형 1]이 0.558, 0.565, 0.532, [모형 2]가 0.596, 0.598, 0.586, [모형 3]이 0.582, 0.585, 0.591임.)과 비교할 때 재무정보와 비재무정보를 포함한 기업가치 설명력이 훨씬 더 증가하였다.

<표 6-23> R&D 검증에 비재무정보를 포함시킨 경우의 회귀 분석 결과

| R&D의 가치 관련성 검증(Log-Linear) | | | | | | |
| --- | --- | --- | --- | --- | --- | --- |
| 구 분 \ 변 수 | 전체표본기업 | | CNI≥0인 경우 | | CNI<0인 경우 | |
| | 추정계수 | t-값 | 추정계수 | t-값 | 추정계수 | t-값 |
| Intercept | 2.784 | 8.30* | 2.716 | 7.21* | 2.698 | 3.55* |
| LPIBV | 0.609 | 17.07* | 0.593 | 15.39* | 0.599 | 6.57* |
| NgCNI | 0.028 | 3.11* | − | − | − | − |
| LGM | 0.253 | 6.09* | 0.400 | 6.88* | 0.065 | 1.04 |
| LSGA | −0.277 | −6.14* | −0.434 | −7.89* | −0.024 | −0.26 |
| LAR&D | 0.062 | 7.80* | 0.063 | 7.42* | 0.065 | 3.13* |
| LEXR&D | 0.025 | 3.06* | 0.028 | 3.16* | 0.005 | 0.22 |
| LADV | 0.061 | 5.10* | 0.079 | 6.05* | −0.008 | −0.25 |
| LDVFN | −0.003 | −0.05 | −0.021 | −0.30 | 0.099 | 0.59 |
| LMktSH | 0.057 | 2.45* | 0.058 | 2.33* | 0.081 | 1.36 |
| LOPTION | 0.262 | 5.96* | 0.334 | 6.74* | 0.136 | 1.43 |
| LMgtL | 0.068 | 2.80* | 0.056 | 2.10* | 0.089 | 1.43 |
| LInSH | 0.073 | 1.58 | 0.103 | 1.99* | 0.003 | 0.03 |
| D1998 | −0.204 | −1.98* | −0.073 | −0.65 | −0.688 | −2.79 |
| D1999 | 1.187 | 9.45* | 1.222 | 8.98* | 1.251 | 3.99* |
| D2000 | 0.347 | 2.75* | 0.373 | 2.70 | 0.324 | 1.11 |
| D2001 | 0.423 | 3.33* | 0.554 | 3.99* | −0.041 | −0.14 |
| $adj\ R^2$ | 0.608 | | 0.617 | | 0.604 | |
| F−value | 122.52* | | 111.54* | | 23.86* | |
| N | 1,281 | | 1,031 | | 250 | |

주 1) [모형 3]:
$$LMV_{i,t} = \alpha_0 + \alpha_1\,LPIBV_{i,t} + \alpha_2\,LGM_{i,t} + \alpha_3\,LSGA_{i,t}$$
$$+ \alpha_4\,LAR\&D_{i,t} + \alpha_5\,LEXR\&D_{i,t} + \alpha_6\,LADV_{i,t}$$
$$+ \alpha_7\,LDVFN_{i,t} + \alpha_8\,LMktSH_{i,t} + \alpha_9\,LOPTION_{i,t}$$
$$+ \alpha_{10}\,LMgtL_{i,t} + \alpha_{11}\,LInSH_{i,t} + \sum_{k=1998}^{2001}\beta_k\,DY_{k,t} + \varepsilon_{i,t}$$

154



주 2) LMV=Log(MV+1), LPIBV=Log(PIBV+1), LCNI=Log(CNI+1): CNI>0일 경우,
　　　LNgCNI=−Log(−CNI+1): CNI<0일 경우, LGM=Log(GM+1), LSGA=
　　　Log(SGA+1), LAR&D=Log(AR&D+1), LEXR&D=Log(EXR&D+1), LADV
　　　=Log(ADV+1),
　　　LDVFN=Log(DVFN+1), LMktSH=Log(MktSH+1), LOPTION=
　　　Log(OPTION+1), LMgtL=Log(MgtL+1), LInSH=Log(InSH+1).
주 3) *는 5% 수준에서 유의함.


위의 실증 분석 결과를 종합해 보면 다음과 같다.

첫째, 코스닥기업의 가치평가는 Linear 모형보다는 Log-Linear 모형이 더 적합하다는 <연구가설 1>이 설득력이 있다.

둘째, 손익항목을 세분한 확장모형이 이익정보에 비하여 기업가치 설명력이 증가하였다.

셋째, 연구개발비 및 광고비 정보가 기업가치에 긍정적인 영향을 미치는 것으로 나타나 연구개발비 자산성이 지지되며 끝으로, 모형의 유의성은 재무정보만을 분석하였을 때보다도 비재무정보를 추가하였을 경우에 주가 설명력이 더 증가하였음이 밝혀졌다.


# 제7절 추가분석: 복합모형의 회귀분석 결과


검증모형식 (4-22)와 (4-23)의 회귀분석 결과인 <표 6-24>는 앞서 분석한 재무정보모형, 비재무정보모형 그리고 기본적인 재무정보와 비정보정보모형에 대한 추가분석으로서 RDSR(매출액 대비 연구개발 비율), ADSR(매출액 대비 광고 선전비율) 등을 비재무변수로 포함시켜서 전체표본으로 한 복합모형을 실증 분석하였다. <표 6-24>의 모형에서는 순자산 장부가액과 특별항목 차감 전 순이익이 주가와 유의한 양(+)의 관계를 보인 반면에, 순손실이 발생했을 때는 유의한 음(−)의 관련성을 나타내고 있었다.

전체표본기업에서 비재무정보에 대한 기업가치 관련성을 살펴보면, LLinear 모형에서 RDSR, ADSR, OPTION, MgtL 등의 비재무변수는 기업가치와 유의한 관련성을 보였으나, InSH는 유의하지 않은 음(−)의 관계를 나타내었고, 그 외 비재무변수들은 기업가치평가에 양(+)의 관계를 나타내었지만 유의성은 없었다. 특히 RDSR, ADSR의 변수들이 Linear 모형과 Log-Linear 모형에서 둘 다 기업가치와 유의한 변수로 밝혀졌는데, 앞에서 실증 분석한 바와 같이 코스닥기업에서의 손실액은 무엇보다도 무형자산에 많은 지출을 투자하기 때문인 것으로 간주하여 코스닥기업의 시장가치는 연구개발비 지출액에서 신뢰할 만하게 증가한다는 것을 뒷받침해 준다.

본 연구는 높은 성장력을 향해 연구개발 투자활동이 왕성한 연구개발비 및 광고 선전비가 주가와 유의한 관계를 가지는 것으로 예측하였고, 연구결과는 예측한 바대로 나타났다. 그리고 추가분석으로서 매출액 대비 연구개발 비율, 매출액 대비 광고 선전비율을 변수로 하였을 때의 실증 분석한 결과도 역시 기업가치와 관련이 있는 것으로 나타났다.

<표 6-24> 비재무변수모형을 추가분석한 전체표본기업의 회귀분석 결과

| Linear 모형 | | | Log-Linear 모형 | | |
|---|---|---|---|---|---|
| 변 수 　　구 분 | 추정계수 | t-값 | 변 수 　　구 분 | 추정계수 | t-값 |
| Intercept | −3,640 | −0.23 | Intercept | 2.337 | 7.21* |
| PIBV | 0.547 | 5.67* | LPIBV | 0.534 | 16.48* |
| CNI | 6.253 | 9.87* | LCNI | 0.172 | 7.79* |
| NgCNI | −6.124 | −5.54* | LNgCNI | −0.276 | −6.37* |
| RDSR | 53,148 | 1.26* | LRDSR | 1.648 | 4.70* |
| ADSR | 504,885 | 5.22* | LADSR | 2.611 | 3.73* |
| DVFN | 819 | 0.27 | LDVFN | 0.079 | 1.22 |
| MktSH | 304 | 1.86 | LMktSH | 0.110 | 4.91* |
| OPTION | 7,209 | 4.17* | LOPTION | 0.285 | 6.50* |
| MgtL | 455 | 3.98* | LMgtL | 0.002 | 2.38* |
| InSH | −314 | −1.71 | LInSH | 0.088 | 2.07* |
| D1998 | −2,432 | −0.15 | D1998 | −0.248 | −2.36* |
| D1999 | 72,114 | 4.41* | D1999 | 1.298 | 12.37* |
| D2000 | −28,335 | −1.78 | D2000 | 0.503 | 4.89* |
| D2001 | −6,532 | −0.41 | D2001 | 0.532 | 5.21* |
| $adj\ R^2$ | 0.318 | | $adj\ R^2$ | 0.588 | |
| F-value | 43.53* | | F-value | 131.65* | |
| N | 1,281 | | N | 1,281 | |

주 1) [Linear 모형]: $MV_{i,t} = \alpha_0 + \alpha_1\ PIBV_{i,t} + \alpha_2\ CNI_{i,t} + \alpha_3\ NgCNI_{i,t}$
$+ \alpha_4\ RDSR_{i,t} + \alpha_5\ ADSR_{i,t} + \alpha_6\ DVFN_{i,t}$
$+ \alpha_7\ LMktSH_{i,t} + \alpha_8\ OPTION_{i,t} + \alpha_9\ MgtL_{i,t}$
$+ \alpha_{10}\ InSH_{i,t} + \sum_{k=1998}^{2001} \beta_k\ DY_{k,t} + \varepsilon_{i,t}$

[Log-Linear 모형]: $LMV_{i,t} = \alpha_0 + \alpha_1\ LPIBV_{i,t} + \alpha_2\ LCNI_{i,t} + \alpha_3$
$LNgCNI_{i,t} + \alpha_4\ LRDSR_{i,t} + \alpha_5\ LADSR_{i,t} +$
$\alpha_6\ LDVFN_{i,t} + \alpha_7\ LMktSH_{i,t} + \alpha_8\ LOPTION_{i,t}$
$+ \alpha_9\ LMgtL_{i,t} + \alpha_{10}\ LInSH_{i,t} + \sum_{k=1998}^{2001} \beta_k\ DY_{k,t}$
$+ \varepsilon_{i,t}$

주 2) MV: 보통주 시장가치, PIBV: 이익가산 전 자기자본 장부가치(자기자본 장부가치−당기순이익), CNI: 특별항목 차감 전 순이익(당기순이익−특별손익), NgCNI: CNI<0일 때, PSR: (MV/REV), RDSR: (R&D/REV), ADSR: (ADV/REV), DVFN: 보유사업부 수(개), MktSH: 추정 시장점유율(%), OPTION: 보상형 스톡옵션 부여주수/총발행주식수(%), MgtL: 1인당 임원 인건비/총인건비(%), InSH: 내부자 지분율=임원(또는 전직원) 보유주식수/총발행주식수.

주 3) LMV=Log(MV+1), LPIBV=Log(PIBV+1), LCNI=Log(CNI+1): CNI>0일 경우, LNgCNI=−Log(−CNI+1): CNI<0일 경우, LAR&D=Log(AR&D+1), LEXR&D=Log(EXR&D+1), LADV=Log(ADV+1), LRDSR=Log(RDSR+1), LADSR=Log(ADSR+1), LDVFN=Log(DVFN+1), LMktSH=Log(MktSH+1), LOPTION=Log(OPTION+1), LMgtL=Log(MgtL+1), InSH=Log(InSH+1).

주 4) *는 5% 수준에서 유의함.


그러나 사업다각화정도와 시장점유율 변수의 경우엔 기업가치와 양(+)의 관련성이 있지만 통계적인 유의성은 없었고, 내부자 지분율 변수도 기업가치와 크게 관련이 없는 것으로 나타났다.

Linear 모형의 주가 설명력($adj\ R^2$)은 0.318로 비재무변수의 모형을 확장한 경우에 설명력이 증가한 것을 알 수 있다.

Log-Linear 모형의 회귀분석 결과를 살펴보면, 순자산 장부가액과 특별항목 차감 전 순이익이 주가와 유의한 양(+)의 관계를 보였고, 순손실이 발생했을 경우 기업가치에 유의한 음(−)의 관련성을 나타내고 있었다.

비재무정보에 대한 기업가치 관련성은, 본 연구에 포함시킨 비재무변수 전부가 기업가치와 유의한 관련성을 보였다. 즉 시장점유율(LMktSH), 스톡옵션 부여율(LOPTION), 경영자의 보수(LMgtL), 내부자 지분율(LInSH) 등의 변수가 기업가치 관련성이 있는 것으로 밝혀졌다. 다만 사업다각화 변수만이 주가와 양(+)의 관련성을 보였지만 통계적인 유의성이 적은 것으로 나타났다.

특히 위의 표에서는 나타나지 않았지만 매출액 대비 주가비율(PSR)[29]은 주가와 가장 유의한 관련성이 있는 것으로 밝혀졌는데, 위와 같은 사실로 미루어 볼 때 기업가치를 비교하는데 하나의 방법인 주가매출액비율(PSR)은 이익(profit)보다는 수익(revenue)이 성장하는 기업에 더욱 중요한 요인이 될 수 있으므로 투자자의 신뢰가 반영된다고 본다. 실제로 코스닥기업의 경우 수익을 많이 얻고도 적은 이익 혹은 손실액을 보고한 기업이 있는데, 본 연구의 결과에서 보는 바와 같이 Linear 모형과 Log-Linear 모형에서 매출액에 대한 주가비율(PSR)은 기업가치평가에 유의한 양(+)의 영향을 미치는 것으로 알려졌으며, 높은 설명력이 이를 증명해 주고 있다.

또한 매출액 대비 연구개발 비율(RDSR), 매출액 대비 광고 선전 비율(ADSR)은 기업가치평가에 유의한 관련성이 있는 것으로 나타내었다.

끝으로, Log-Linear 모형의 주가 설명력($adj\ R^2$)은 0.588로 나타내 비재무변수를 추가하여 확장한 모형의 설명력은 대체적으로 높게 나타났으며, 또한 Linear 모형과 비교할 때도 주가 설명력($adj\ R^2$)은 Log-Linear 모형이 훨씬 더 증가했다는 것을 알 수 있다.

## 제8절 검증결과의 요약

아래의 표는 코스닥기업의 재무정보 및 비재무정보와 기업가치 간의 관련성에 대한 검증결과를 Linear 모형과 Log-Linear 모형으

---

29) 전체표본기업에서 PSR(매출액 대비 주가비율) 변수를 추가시켰을 때의 추정계수와 t-값은 Linear 모형(Log-Linear 모형)이 각각 8,611(0.992), 21.17*(33.26*)로 나타났으며, 조정된 주가설명력($adj\ R^2$)은 0.496(0.772)으로 훨씬 더 높게 나타났다.

로 구분하여 그 설명력($adj\ R^2$)을 비교한 것이다. Log-Linear 모형은 Linear 모형에 비하여 전체적으로 설명력이 크게 증가하였는데 그 차이를 구체적으로 살펴보면 다음과 같다.

**<표 6-25> Linear 모형과 Log-Linear 모형의 기업가치 설명력($adj\ R^2$) 차이**

| 구 분 / 모 형 | Panel 1: 전체표본기업 | | | | | | | | |
|---|---|---|---|---|---|---|---|---|---|
| | Linear 모형 $adj\ R^2$ | | | Log-Linear 모형 $adj\ R^2$ | | | $adj\ R^2$ 차이 | | |
| 기본적 모형 | 0.272 | | | 0.525 | | | 0.253 | | |
| 손익구성 항목확장 모형 | 모형 1 | 모형 2 | 모형 3 | 모형 1 | 모형 2 | 모형 3 | 모형 1 | 모형 2 | 모형 3 |
| | 0.272 | 0.245 | 0.236 | 0.525 | 0.578 | 0.581 | 0.253 | 0.333 | 0.345 |
| R&D검증 모형 | 0.242 | | | 0.582 | | | 0.340 | | |
| 재무정보에 비재무정보 추가모형 | 모형 1 | 모형 2 | 모형 3 | 모형 1 | 모형 2 | 모형 3 | 모형 1 | 모형 2 | 모형 3 |
| | 0.301 | 0.272 | 0.265 | 0.575 | 0.604 | 0.608 | 0.274 | 0.332 | 0.343 |
| 비재무 변수모형 | 0.133 | | | 0.347 | | | 0.214 | | |
| 추가 분석모형 | 0.318 | | | 0.588 | | | 0.270 | | |

주) $adj\ R^2$차이는 Log-Linear 모형의 $adj\ R^2$에서 Linear 모형의 $adj\ R^2$을 뺀 값임.

<표 6-25>의 CNI가 양($+$)인 경우와 음($-$)인 경우를 통합한 경우의 전체표본기업, <표 6-26>의 CNI가 양($+$)인 경우, 그리고 <표 6-27>의 CNI가 음($-$)인 경우에서 Linear 모형과 Log-Linear 모형의 기업가치 설명력의 차이를 살펴보면 첫째, 기초적 재무정보모형의 분석 결과에서 나타난 바와 같이 Linear 모형보다 Log-Linear 모형의 설명력($adj\ R^2$)이 현저하게 증가하였음을 알 수 있다. 또한 기본적인 재무정보에다 추가적으로 비재무정보를 포함시켰을 때 모형

160

의 설명력은 Linear 모형과 Log-Linear 모형에서 다같이 증가하였다. 그러나 설명력의 크기나 유의성에 비추어 볼 때 코스닥기업의 가치평가는 Linear 모형보다 Log-Linear 모형이 더 적합하다고 볼 수 있다.

<표 6-26> Linear 모형과 Log-Linear 모형의 기업가치 설명력($adj\ R^2$) 차이

| 구 분<br>모 형 | Panel 2: CNI≥0인 경우 | | | | | | | | |
|---|---|---|---|---|---|---|---|---|---|
| | Linear 모형 | | | Log-Linear 모형 | | | $adj\ R^2$ 차이 | | |
| | $adj\ R^2$ | | | $adj\ R^2$ | | | | | |
| 기본적 모형 | 0.266 | | | 0.520 | | | 0.254 | | |
| 손익구성항목<br>확장모형 | 모형 1 | 모형 2 | 모형 3 | 모형 1 | 모형 2 | 모형 3 | 모형 1 | 모형 2 | 모형 3 |
| | 0.266 | 0.266 | 0.238 | 0.520 | 0.584 | 0.584 | 0.254 | 0.318 | 0.346 |
| R&D검증<br>모형 | 0.245 | | | 0.585 | | | 0.340 | | |
| 재무정보에<br>비재무정보<br>추가모형 | 모형 1 | 모형 2 | 모형 3 | 모형 1 | 모형 2 | 모형 3 | 모형 1 | 모형 2 | 모형 3 |
| | 0.297 | 0.293 | 0.268 | 0.581 | 0.616 | 0.618 | 0.284 | 0.323 | 0.350 |

주) $adj\ R^2$차이는 Log-Linear 모형의 $adj\ R^2$에서 Linear 모형의 $adj\ R^2$을 뺀 값임.

**<표 6-27> Linear 모형과 Log-Linear 모형의 기업가치 설명력($adj\ R^2$) 차이**

| 구 분<br><br>모 형 | Panel 3: CNI<0인 경우 | | | | | | | | |
|---|---|---|---|---|---|---|---|---|---|
| | Linear 모형<br>$adj\ R^2$ | | | Log-Linear 모형<br>$adj\ R^2$ | | | $adj\ R^2$ 차이 | | |
| 기본적 모형 | 0.312 | | | 0.555 | | | 0.243 | | |
| 손익구성항목<br>확장모형 | 모형 1 | 모형 2 | 모형 3 | 모형 1 | 모형 2 | 모형 3 | 모형 1 | 모형 2 | 모형 3 |
| | 0.312 | 0.386 | 0.389 | 0.555 | 0.583 | 0.586 | 0.243 | 0.197 | 0.197 |
| R&D검증<br>모형 | 0.387 | | | 0.591 | | | 0.204 | | |
| 재무정보에<br>비재무정보<br>추가모형 | 모형 1 | 모형 2 | 모형 3 | 모형 1 | 모형 2 | 모형 3 | 모형 1 | 모형 2 | 모형 3 |
| | 0.365 | 0.415 | 0.417 | 0.587 | 0.596 | 0.599 | 0.222 | 0.181 | 0.182 |

주) $adj\ R^2$차이는 Log-Linear 모형의 $adj\ R^2$에서 Linear 모형의 $adj\ R^2$을 뺀 값임.

둘째, 손익구성항목을 분해하여 검증하였을 때의 연구가설에 대한 [모형 1], [모형 2], [모형 3]의 분석에서 모형의 결과를 보면, 이익정보에 비하여 기업가치 설명력이 더 높게 나타났으며, 역시 Linear 모형보다는 Log-Linear 모형이 주가와 더 강한 양(+)의 관계가 있다는 것을 알 수 있다. 따라서 인터넷 및 첨단기술 중심의 신생기업으로 이루어진 코스닥기업의 경우는 기존의 선형모형보다는 비선형모형으로 평가하는 것이 기업가치를 적절하게 나타내준다고 하겠다.

이를 뒷받침해 주듯 분석의 중심이 되는 연구개발비 및 광고 선전비와 기업가치와의 관련성을 실증 분석한 설명력($adj\ R^2$)도 Linear 모형보다는 Log-Linear 모형이 더 크게 나타내었다.

손익구성항목을 세분한 재무정보에 비재무정보를 추가로 포함시킨 경우의 회귀분석 한 결과는 Linear 모형과 Log-Linear 모형에서 모두 주가 설명력($adj\ R^2$)이 증가한 것으로 나타났다.

셋째, 연구개발비 지출액의 자산성을 검증하는 분석 결과를 보면,

Linear 모형보다 Log-Linear 모형에서 강하게 주가와 양(＋)의 관계를 보이고 있으므로 연구개발비가 미래 경제적 효익을 가져다준다는 예측을 지지하며, 또한 모형의 설명력도 크게 증가하였다.

연구개발비 자산성 검증모형에 비재무정보를 포함시킨 결과는 재무정보만을 회귀분석 하였을 때보다 더 증가하였음을 알 수 있다.

본 연구에서 표본으로 선택한 코스닥기업의 사업다각화 정도, 시장점유율, 보상형 스톡옵션 부여율, 경영자의 보수, 내부자 지분율 등과 같은 비재무정보는 추가적인 기업가치 설명력을 가지며, 다만 내부자 지분율은 기업가치와 관련성이 없는 것으로 나타났다. 그러나 전반적으로 볼 때 재무정보와 함께한 실증 분석 결과는 증분설명력이 있는 것으로 밝혀졌다.

# 제7장 결론 및 한계점

본 연구는 코스닥기업의 가치평가에 관하여 선형모형과 비선형(실증적으로는 Log-Linear)모형 중에서 어떤 모형이 적절한 지를 비교 분석하였다.

코스닥기업은 전통적인 상장기업에 비하여 재무변수의 기업가치 설명력이 낮은데, 그 주요원인은 재무제표에 기록되지 않은 무형자산(지적자본) 때문인 것으로 추정되고 있다. 따라서 기업특성에 따른 성장과 투자의 문제를 고려하여 기업가치를 평가하는 방법은 비선형모형에 의한 회귀분석방법이 더 적절하다고 본다.

본 연구는 선형모형의 대안으로서 비선형모형을 사용하여 코스닥기업의 재무정보와 비재무정보에 대한 기업가치 관련성을 검증하였다.

본 연구에서 실증 분석에 사용된 표본은 코스닥시장에 등록된 법인 중 12월 결산기업을 대상으로 하였고, 금융업과 관리대상 종목은 제외하였다. 연구기간은 1997년부터 2001년까지 5년간으로 하였으며, 표본기업수는 1,281개이다.

실증 분석의 결과는 선형모형보다 비선형모형에 의한 방법이 기업가치 설명력을 더 잘 나타내 주는 것으로 밝혀졌다.

구체적인 결과는 다음과 같다.

첫째, 전체적인 회귀분석 결과에서 나타난 바와 같이 기업가치의 설명력($adj\ R^2$)은 Linear 모형보다 Log-Linear 모형이 더 높은 것으로 나타났다. 따라서 성장의 기대가 높은 코스닥기업의 가치평가는 선형모형보다는 비선형모형이 더 적합하다고 할 수 있겠다.

둘째, 코스닥기업에서 매출수익, 매출원가, 판매비와 관리비 등으로 세분하여 검증하였을 때 기업가치와의 관련성은 Log-Linear 모형에서 이익정보보다 기업가치 설명력($adj\ R^2$)이 더 높은 것으로 나타났으며, 연구개발비 및 광고비 정보는 추가적으로 기업가치 관련성을 갖는 것으로 나타났다. 연구개발비의 가치 관련성 검증결과는 주가와 유의한 양(＋)의 관계를 나타내므로, 연구개발비가 미래 경제적 효익을 가져다준다는 예측을 지지하는 바이다.

셋째, 코스닥기업의 재무정보에 추가적으로 비재무정보를 포함시켰을 때의 기업가치는 재무정보만을 회귀분석 하였을 때보다 더 증가하였다. 따라서 다각화 정도, 시장점유율, 보상형 스톡옵션 부여율, 경영자의 보수, 내부자 지분율 등과 같은 비재무정보는 추가적인 기업가치 설명력을 갖는다는 가설을 지지한다. 다만, 사업다각화 정도와 내부자 지분율의 변수가 기업가치와의 관련성이 적은 것으로 나타났다.

본 연구의 한계점은 다음과 같다.

첫째, 본 연구에서 1997년부터 2001년까지를 대상으로 한 실증분석 결과는 코스닥 설립초기단계에서 현재에 이르기까지 비교적 광범위한 자료를 대상으로 하였지만, 업종에 따라 일반화되지 않을 수도 있다.

둘째, 재무정보와 비재무정보 자료에 근거한 시장가치의 횡단성 회귀분석으로 코스닥기업의 주가가 합리적으로 추출된 상관관계가 되는지 확실하게 답할 수 없으며, 또한 거래소 상장기업과 비교하여 분석하지 못했다. 따라서 코스닥기업가치에 관한 많은 연구가 앞으로 더욱 필요하다고 본다.

# 참고문헌

기업회계기준 해설서, 2002, 기업회계기준 해석 44-20, 연구개발비에 관한 해석.

김권중, 김문철, 2002, 기업가치평가와 회계연구, 한국회계학회 특별연구서.

김문현, 1998, 회계정보를 이용한 기업가치평가에 기업특성이 미치는 영향에 관한 연구: Feltham and Ohlson(1995) 모형을 중심으로, 서울대학교대학원, 경영학 박사학위 논문.

김원태, 2001, 코스닥기업에서의 회계정보의 유용성에 관한 연구, 경희대학교대학원, 회계학 석사학위 논문.

김창수, 2000, 코스닥시장의 효율성에 관한 연구, 한국증권학회, 제3차 심포지엄.

정한규, 김철중, 윤평식 공역, 2002, 가치평가론, 경문사.

정혜영, 1995, 회계수치에 의한 가격결정모형, 회계학연구(제20호): 1-27.

우춘식, 김영규 공역, 1996, 재무이론과 기업정책, 대영사.

이규헌, 2000, KOSDAQ 벤처기업의 가치평가와 주가버블에 관한 연구, 홍익대학교 대학원 석사학위논문.

이근수, 정혜영, 1999, 현대회계학원론, 법문사.

코스닥위원회, 2002, 코스닥시장 주요통계, 자료실.

최정호, 1994, 광고비 및 연구개발비 지출이 기업가치에 미치는 영향 ―토빈 q에 의한 실증적 분석, 회계학연구(제19호): 103-124.

Akresh, M., and J. Fuersich, 1994, Stock Options: Accounting

166

Valuation and Management Issues. *Management Account-ing* 75(9): 51-53.

Amir, E., and B. Lev, 1996, Value-Relevance of Nonfinancial Information: The Wireless Communication Industry, *Journal of Accounting and Economics*: 3-30.

Barron, O., D. Buard, C. Kile and E. Riedl, 2002, High-Technology Intangibles and Analysts' Forecasts, *Journal of Accounting Research*(May): 289-311.

Bartov. E., P. Mohanran and C. Seethamraju, 2002, Valuation of Internet Stocks-An IPO Perspective, *Journal of Account-ing Research* (May): 321-346.

Bell, T., W. Landsman, B. Miller and S. Yeh, 2001, The Valuation Implications of Employee Stock Option Account- ing for Profitable Computer Software Firms. *Accounting Review* (October): 971-996.

Biddle, G., P. Chen and G. Zhang, 2001, When Capital Follows Profitability: Non-Linear Residual Income Dynamics, *Review of Accounting Studies*(June/September): 229-265.

Burgstahler, D., and I. Dichev, 1997, Earnings, Adaptation, and Equity Value, *The Accounting Review*(April): 187-216.

Carr, P., and R. Jarrow, 1990, The Stop-Loss Start-Gain Paradox and Option Valuation: A New Decomposition into Intrinsic and Time Value, *Review of Financial Studies*(3): 469-492.

Collins, D., M, Pincus and H. Xie, 1999, Equity Valuation and Negative Earnings: The Role of Book Value of Equity, *The Accounting Review*: 29-61.

Cooper, M., O., Dimitrov and P. Rau, 2000, A Rose.com by any other name, Working paper, Purdue University.

Damodaran, A., 2000, The Dark Side of Valuation: Firms with no Earnings, no History and no Comparables, Working paper, Stern School of Business, New York University.

Dechow, P., A. Hutton and R. Sloan, 1999, An Emprical Assessment of The Residual Income Valuation Model, *Journal of Accounting and Economics*: 1-34.

Denis, J., D., Denis and A. Sarin(1977), Agency Problems, Equity Ownership, and Corporate Diversification, *Journal of Finance*: 135-160.

Demers, E., and B. Lev, 2000, A Rude Awakening: Internet Value-Drivers in 2000, Working paper, University of Rochester.

Easton, P., and G. Sommers, 2000, Scale and Scale Effects in Market-Based Accounting, Working paper, Columbia University.

Espahbodi, H., P. Espahbodi, Z. Rezaee and H. Tehranian. 2002. *Journal of Accounting and Economics*: 343-373.

Feltham, G., and J. Ohlson, 1995, Valuation and Clean Surplus Accounting for Operating and Financial Activities. *Contemporary Accounting Research*(Spring): 689-731.

Feltham, G., and J. Ohlson, 1996, Uncertainty Resolution and The Theory of Depreciation Measurement, *Journal of Accounting Research*: 283-320.

Freeman, R., J. Ohlson and S. Penman, 1982, Book Rate-of Return and Prediction of Earnings Changes: An Empirical Investi-

168

gation. *Journal of Accounting Research*(Autumn): 639-653.

Hand, J., 2000a, Profits, Losses and The Non-Linear Pricing of Internet Stocks, Working paper, University of North Carolina, Chapel Hill.

Hand, J., 2000b, The Role of Accounting Fundamentals, Web Traffic and Supply and Demand in the Pricing of U. S. Internet Stocks, Working paper, University of North Carolina, Chapel Hill.

Hayn, C., 1995, The Information Content of Losses, *Journal of Accounting and Economics*(September): 125-153.

Kaplan, S., and R. Ruback, 1995, The Valuation of Cash Flow Forecasts: Empirical analysis, *Journal of Finance*: 1059-1093.

Khanna, T., and K. Palepu, 2000, Is Group Affiliation Profitagle in Emerging Makets: An Analysis of Diversification Indian Business Groups, *Journal of Finance* 55.

Leibowitz, M., 1999, Markt-to-Book Ratios and Positive and Negative Returns on Equity, *The Journal of Financial Statement Analysis*(Winter): 21-30.

Leland, H., and D. Pyle, 1977, Informational Asymmetries, Financial Strcture, and Financial Intermediation, *Journal of Finance*(May): 371-388.

McDonald, R., and D. Siegel, 1986, The Value of Waiting to Invest, *Journal of Economics*(November): 707-727.

Myers, J., 1999, Implementing Residual Income Valuation with Linear Information Dynamics, *The Accounting Review* (January): 1-28.

Myers, S., and N. Majluf, 1984, Corporate Financing and Invest-ent Decision When Firm Have Information That Investors Do Not Have, *Journal of Financial Economics*(June): 187-221.

Ohlson, J., 1995, Earnings, Book Value, and Dividends in Equity Valuation. *Contemporary Accounting Research*(Spring): 661-687.

Ohlson, J., 1999, On Transitory Earnings, *Review of Accounting Studies*: 145-162.

Penman, S., 1991, An Evaluation of Accounting Rate-of-Return. *Journal of Accounting. Auditing and Finance*(Spring): 233-256.

Penman, S., 2000, *Financial Statement Analysis and Security Valuation*, McGraw-Hill: 210-231.

Schill, M., and C. Zhou, 2000, Pricing an Emerging Industry: Evidence from Internet Subsidiary Carve-outs, Working paper, University of California, Riverside.

Schwartz, E., and M. Moon, 2000, Rational Pricing of Internet Companies, *Financial Analysts Journal*(May/June): 62-75.

Trueman, B., M. Wong and X-J. Zhang, 2000a, Back to Basics: Forecasting the Revenues of Internet Firms, Working paper, University of California, Berkeley.

Trueman, B., M. Wong and X-J. Zhang, 2000b, The Eyeballs Have It: Searching for The Value in Internet Stocks, Working paper, University of California, Berkeley.

Wysocki, P., 1999, Cheap talk on the Web: The Determinants of Postings on Stock Message Boards, Working paper,

University of Michigan Business School.

Ye, J., and M., Finn, 1999, Nonlinear and Nonparametric Accounting-Based Equity Valuation Models, Working paper, Baruch College.

Zhang, G., 2000, Accounting Information, Capital Investment Decisions, and Equity Valuation: Theory and Empirical Implications, *Journal of Accounting Research*(Autumn): 271-295.

**· 저자 ·**

정추란(鄭秋蘭)　　학력
　　　　　　　　　성균관대학교 경영대학 회계학과 졸업
　　　　　　　　　성균관대학교 대학원 교육학 석사
　　　　　　　　　경희대학교 대학원 경영학 박사

　　　　　　　　　경력
　　　　　　　　　한국외국어대학교 강사
　　　　　　　　　경희대학교 강사



# 한국 코스닥기업의 가치평가

| | |
|---|---|
| · 초판 인쇄 | 2005년 6월 25일 |
| · 초판 발행 | 2005년 6월 30일 |
| · 지 은 이 | 정추란 |
| · 펴 낸 이 | 채종준 |
| · 펴 낸 곳 | 한국학술정보㈜ |
| | 경기도 파주시 교하읍 문발리 526-2 |
| | 파주출판문화정보산업단지 |
| | 전화　031) 908-3181(대표)·팩스　031) 908-3189 |
| | 홈페이지　http://www.kstudy.com |
| | e-mail(e-Book사업부)　ebook@kstudy.com |
| · 등　　록 | 제일산-115호(2000. 6. 19) |
| · 가　　격 | 10,000원 |

ISBN　　89-534-2423-2 93320　(Paper Book)
　　　　　89-534-2424-0 98320　(e-Book)